# Dordogne

Nikolaus und Alo Miller

DUMONT direkt

# Inhalt

## Bienvenue!



## Zu Gast in der Dordogne

### Orte von A bis Z

Blick auf St-Cirque-Lapopie



## 12 Highlights

# Extra-Touren



# Stadtpläne

## 20 Reisetipps Dordogne

# Dordogne im Internet

In Frankreich ist das Internet ein geläufiges Informationsmedium. Fremdenverkehrsämter und Hotels, viele Monumente, Restaurants und Sportveranstalter haben eine eigene Homepage und eröffnen die Möglichkeit der Kontaktaufnahme per E-Mail. Die Websites stehen in Französisch, oft auch in Englisch oder Spanisch, selten aber in Deutsch zur Verfügung. Um Seiten in deutscher Sprache zu finden, kombiniert man in Suchmaschinen die Region mit einem thematischen Suchbegriff: Dordogne + Kajak etwa oder Perigord + Höhlen. Wer Französisch kann, hat die größere Auswahl an Informationen und findet über www.google.fr und www.yahoo.fr schneller und präziser das Gewünschte. Bei der Suche im World Wide Web entfallen die im Französischen üblichen Akzente.

**Landeskennung: .fr**

## Tourismus-Portale

**www.frankreich-info.de**
Umfangreiches Frankreich-Portal mit vielen Hintergrundinformationen (dt.).

**www.tourisme-lot.com**
Website des regionalen Fremdenverkehrsamtes des Departements Lot mit Infos zu Sehenswürdigkeiten, Unterkunft, Aktivurlaub, Veranstaltungen und Festen (auch engl., span., niederländ.).

**www.dordogne-perigord-tourisme.fr**
Website des regionalen Fremdenverkehrsamtes des Departements Dordogne mit aktuellen Angeboten und Broschüre zum Herunterladen (auch dt.).

**www.perigord.tm.fr**
Portal des Conseil Général de la Dordogne mit interessanten Links in den Bereichen Kultur, Vorgeschichte, Umwelt, Sport.

**www.perigorddecouverte.com**
Portal der Kommunen und Dienstleister mit breit gestreuten Infos für Périgord-Reisende.

**www.perigord.com**
Gut sortiertes Perigord-Portal zu allen touristisch relevanten Aspekten, auch Fotos, Telefonbuch, Kinoanzeigen, Wetterbericht und spezielle Themen (gelegentlich in dt. Version).

**www.patrimoine-lot.com**
Website des Conseil Général du Lot mit Atlas, Fotothek, thematischen Exkursionen und Nachrichten zur Regionalkultur.

**www.quercy.net**
Eine Fundgrube für Liebhaber der Region mit Rezepten, Sprichwörtern, historischen Fotos, Künstleradressen, Presseschau usw. (teils auch engl.)

**www.semitour.com**
Portal (auch engl./span.) des departementweiten Tourismusdienstleisters mit exemplarischen Infos zu Fundstätten und anderen Sehenswürdigkeiten sowie ausgesuchten Vorschlägen zur Freizeitgestaltung (Wochenendprogramme, Lehrwerkstätten, Entdeckungsfahrten).

## Spezielle Websites

**www.pole-prehistoire.com**
Projekt des französischen Staats, der Region Aquitaine und des Departements Dordogne zur Pflege des Weltkulturerbes im Vézère-Tal.

**www.grottes-en-france.com**
Portal der französischen Höhlenbetreiber mit interaktiver Karte und alphabetischer Klickliste.

## Das Wetter

**www.meteo.fr**
Vorhersagen für ganz Frankreich sowie einzelne Regionen.

# Bienv

Dordogne? Bis vor kurzem war dieser verborgene Winkel im französischen Südwesten nur wenigen Frankophilen ein Begriff. Heute gibt es immer mehr Liebhaber der Provinz, die aus dem verstädterten Nordeuropa ins Dordogne-Tal ziehen, die naturschönen Campingplätze bevölkern oder sich in historischem Gemäuer einquartieren. Ihren besonderen Charme verdankt diese Urlaubsregion

# enue!

zweifellos der Kombination aus Flussidyll und intakter Dorfarchitektur oder – sportlich und kulinarisch betrachtet – der verlockenden Aussicht, nach einer Kanufahrt jederzeit und überall mit einem perigordinischen Spezialitätenteller belohnt zu werden. Und schließlich gibt es auch noch die kulturellen Highlights: Lascaux, Rocamadour, die Burgen des Sarladais …

Château de Hautefort

# Willkommen

## Flusslandschaft

Mit fast 500 km ist die Dordogne einer der längsten Flüsse Frankreichs. Zwischen Zentralmassiv und Atlantik durchquert sie die Plateaus des Quercy und Périgord. Sie sind aus weichem Kalkstein, der sich leicht aushöhlen lässt und als romantische Hügelkette, von Burgen und Schlössern gekrönt, eine zauberhafte Flusskulisse bildet.

So schlängelt sich die Dordogne in vielen Mäandern durch ihre selbst geschaffene Landschaft und will scheinbar gar nicht fort aus der Region, die längst ihren Namen trägt. All die anderen, kleineren Flüsse sind ihr Ebenbild: der Lot, die Vézère, auch die Auvézère, Isle und Dronne. Und der ästhetische Höhepunkt der Region ist dort erreicht, wo die verwandten Wasserläufe ineinander fließen: In immer größeren Schleifen nähert sich die Vézère der Dordogne, die gerade nach der Mündung ihre prächtigsten Mäander (Cingle de Limeuil, Cingle de Trémolat) vollführt.

Die Schönheit dieser Flusslandschaft erschließt sich vor allem dem Paddler, denn vom Boot aus eröffnen die Schleifen ständig neue Perspektiven. Der Felsen von Domme, die Dorfkulisse von La Roque-Gageac, die Brücke von Castelnaud mit der aufgetürmten Burg – ein Panorama malerischer als das andere. An Sommertagen treibt eine endlose Prozession von Kanus, Kajaks und Schlauchbooten den Fluss hinab. Nur an der unteren Dordogne, von Bergerac Richtung Bordeaux, verkehrt noch der eine oder andere Frachter. Außerdem fahren auf der Paddlerstrecke ein paar nostalgische Ausflugsboote, die *gabares* heißen. Einige von ihnen waren vor wenigen Jahren für die französische Fernsehserie »Rivière Espérance« (Hoffnungsfluss) gebaut worden. Die sagenhaften Zeiten, die in dem nostalgischen Familienmelodram vor Millionen von Zuschauern wieder auflebten, liegen nicht einmal lange zurück. Denn erst Ende des 19. Jh., als die Eisenbahn aufkam, war die traditionelle Flussschifffahrt dem Untergang geweiht.

## Altes Bauernland

Auch wenn der Fluss die Landschaft prägt – die Lebensweise der Menschen hat er nicht nachhaltig bestimmt. Nur in Bergerac, wo die breit gewordene Dordogne schon zielstrebig der Garonne entgegenströmt, entstand rund um den Hafen eine weltoffene Kaufmannsschicht, die sich nach Holland und England orientierte und für die protestantische Lehre ›anfällig‹ war. Auch Périgueux und Sarlat hatten ihr städtisches Bürgertum, das aus den mittelalterlichen Enklaven aber nie groß herauskam. Sonst blieb die Region bis ins

Mit dem Pferdewagen durch die Dordogne

20. Jh. ein verschlossener Winkel, in dem die Bauern ewig den Traum von der eigenen Scholle träumten: als Pächter immer noch in feudaler Abhängigkeit, als selbstständige Bauern den Adel zum Vorbild nehmend. Man staunt, wenn man durch die Dörfer fährt: Die stolzen Bauernhäuser unterscheiden sich von den ärmlichen Katen durch ihren Taubenturm und erinnern mit ihren Kalksteinfassaden auch sonst an Landschlösschen. Im Übrigen sind nur die großen Wein- und Maisbauern mit ihren Monokulturen dem modernen Agrarmarkt gewachsen. Die vielen Kleinbauern aber hängen an der traditionellen Polykultur, versorgen sich mit ihren eigenen Produkten und liefern nur die Überschüsse an die lokalen Märkte.

Auch die Landschaft ist ökonomisch noch nicht völlig auf Linie gebracht. Der Mais verdirbt die Böden in großem Maßstab. Aber selbst die Wein- und Tabakkulturen bedecken oft nur kleine Felder, die von wilden Apfel- oder Zwetschgenbäumen gesäumt werden und schnell an Wälder grenzen. Das feucht-warme Mischklima, atlantisch und kontinental zugleich, begünstigt den Anbau von Obst, Mais, Tabak, Walnuss, Wein und segnet zugleich die Wälder mit Maronen, Pilzen und Trüffeln. Nahezu 40 % der Dordogne sind mit Laubwald bedeckt – was für ein großzügiger Umgang mit der ›landwirtschaftlichen Nutzfläche‹!

## Höhlenzauber

Auch die trockenen Hochplateaus fallen für die moderne Landwirtschaft weitgehend aus. Diese Causses sind steiniges, ödes Weideland – unter dem sich fantastische Kunstwerke verbergen: Das Sickerwasser hat den Kalkstein durchlöchert und Höhlen, Galerien, Labyrinthe ausgeschwemmt. In diesen unterirdischen Sälen wuchsen von oben und unten Tropfsteine, die Säulen, Orgeln und andere, exzentrische Formen bildeten. Aber nicht nur die Natur hat hier gezaubert, seit unvordenklicher Zeit haben Menschen die Wände mit Malereien geschmückt. Konkave und konvexe Flächen, Gesimsbänke und Nischen, Sintergebilde und abgeblätterte Stellen – alle natürlichen Formeigenschaften des Felsens wurden Bestandteile dieser prähistorischen Kunst, die einen Felsvorsprung zum Pferdekopf (Pech-Merle), einen Feuerstein zum Mammutauge (Rouffignac), einen Pfeiler zur Sturzfläche (Lascaux) ausgestaltete. Dargestellt wurden vor allem Tiere, deren Kraft – magisch ins Bild gebannt – auf die Jäger übergehen sollte.

Man sieht nordische Großtiere, wie sie am Ende der letzten Eiszeit an der

**Ein Trüffelsucher mit seinem Trüffelschwein**

Dordogne und vornehmlich im unteren Vézère-Tal auftauchten: das Mammut, das Wollnashorn, das Rentier, damals Hauptlieferant von Fleisch, Fell und Geweih. Auf den Höhlenwänden tummeln sich auch Auerochsen, Wildpferde, Hirsche, Rehe, die ein gemäßigteres Klima dokumentieren und nur zum Teil ausgestorben sind.

## Jäger und Rebellen

Die Périgordiens, immer noch passionierte Jäger, stöbern heute in ihren Wäldern Wildschweine, Hasen, Rehe auf, die sie mit Trüffeln und Pilzen zu festlichem Wildbret arrangieren. Aber in der Alltagsküche gibt es neben dem Hausschwein vor allem Geflügel, das gründlich zerlegt in die Einmachtöpfe wandert und in zig Varianten auf den Tisch kommt. Das Symboltier der Dordogne ist ja die Gans und das Prestigeprodukt der berühmten Périgord-Gastronomie die Gänsestopfleber. Zugleich umstritten und heiß begehrt, schön marmoriert oder ganz beige, schmückt sie eine reiche Produktpalette an Feinkost, die zum Exportartikel avancierte.

Die Nahrungsmittelbranche ist die wichtigste Industrie dieser noch landwirtschaftlich geprägten Region. Diese ist typische France profonde, ländliche Provinz, die abseits der großen Verkehrswege kaum industrialisiert wurde. Was die Bevölkerung nicht daran hindert, links zu wählen und gelegentlich auf die Barrikaden zu gehen. Denn auch das hat unter den Bauern hier Tradition: Im 16. und 17. Jh. kämpften sie gegen die Feudalherren, heute demonstrieren und votieren sie gegen die Agrarpolitik der EU. Dabei sind sie die gastfreundlichsten »Europäer«, die gerne und offen mit den angereisten Urlaubern diskutieren und auch vor Ausländern kein Blatt vor den Mund nehmen, wenn es gegen die eigene Regierung geht.

## Jüngste Entwicklungen

Seit über einem Jahrhundert schwindet die Bevölkerung, zieht in die Ballungsgebiete, nach Bordeaux, Toulouse, Clermont-Ferrand. Glücklicherweise gab es in den 1960er und 1970er Jahren, auf dem Höhepunkt der Landflucht, eine Gegenbewegung. Damals kamen vor allem aus England Aussteiger aller Art, die durch niedrige Grundstückspreise ins Tal der Dordogne gelockt wurden und die vom Verfall bedrohten Bauernhäuser in schmucke Residenzen verwandelten. Immer mehr alte Häuser standen leer, weil die Jungen Arbeit in den regionalen Zentren suchten und die Alten wegstarben. Aus der Not wurde ein Boom. Und nicht nur der Immobilienmarkt, auch der Tourismus florierte. Eines der Resultate: Die Dörfer liefern sich Schönheitswettbewerbe.

Staatlich gefördert, erstrahlen die Natursteinmauern in neuem Glanz, und alte Mühlen, Pferdeställe und Taubentürme präsentieren sich als besonders charmante Ferienhäuser, *ferme-auberges,* Heimatmuseen. Sicher, die Restaurierung der heute funktionslosen Agrarbauten bleibt oft ein frommer Wunsch, weil sich die Eigentümer sagen: Die Subvention ist ja schön, aber die Touristensaison ist gerade drei bis vier Monate lang, und das heißt, nicht lang genug.

Für die meisten bleibt der Fremdenverkehr ein Zubrot, das freilich nicht zu verachten, ja dringend notwendig ist, weil der kleine Familienbetrieb allein nicht mehr genügend abwirft. Den traditionellen Ziegenkäse, die feinen Gänsekonserven, den alt-ehrwürdigen Bergerac-Wein produzieren nämlich einige Nahrungsmittelindustrielle heute sehr viel wirtschaftlicher, und ihre Produkte tragen das »Périgord« als Markenzeichen in die Welt hinaus.

## Dordogne in Zahlen

**Lage:** Die Dordogne entspringt im Zentralmassiv und vereinigt sich nördlich von Bordeaux mit der Garonne. Mit dem Flussnamen assoziiert man die Region zwischen Argentat und Castillon-la-Bataille: die alten Provinzen Quercy und Périgord bzw. die heutigen Departements Lot und Dordogne.
**Fläche:** 14 277 km$^2$ (entspricht der Größe Schleswig-Holsteins)
**Verwaltung:** Die beiden Departements gehören unterschiedlichen Verwaltungsregionen an: Lot (Autokennzeichen 46, Präfektur in Cahors) ist Teil von Midi-Pyrénées, Dordogne (Autokennzeichen 24, Präfektur in Périgueux) Teil von Aquitaine. Regionalhauptstädte der beiden Gebietskörperschaften sind Toulouse und Bordeaux.
**Bevölkerung:** Rund 164 000 im Departement Lot, rund 388 000 im Departement Dordogne. Ersteres gehört mit 31 Ew./km$^2$ zu den am dünnsten besiedelten Gegenden Frankreichs (104 Ew./km$^2$).
**Städte:** Périgueux (32 300 Ew.), Bergerac (27 200 Ew.), Cahors (23 000 Ew.), Sarlat (10 420 Ew.), Figeac (9900 Ew.).
**Wirtschaft:** Säulen der Wirtschaft sind Tourismus, Weinbau und Geflügelzucht. Die Lebensmittelindustrie gehört neben Papier- und Textilindustrie, Metallverarbeitung und Schiffbau zu den wichtigsten Industriebranchen. Die Arbeitslosigkeit liegt mit 10,6 % (Lot) bzw. 9,4 % (Dordogne) knapp unter dem nationalen Durchschnitt.

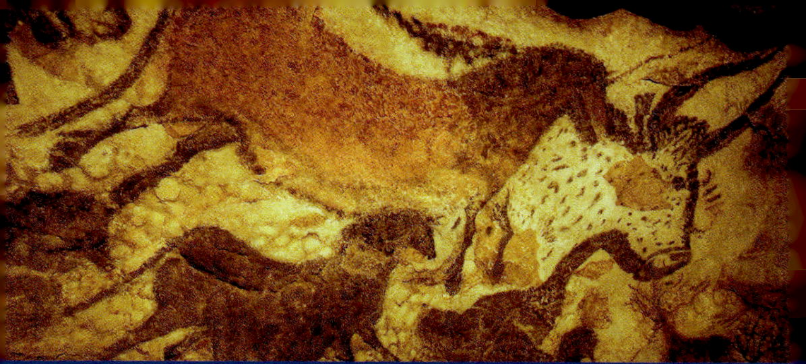

# Geschichte

Höhlengemälde in Lascaux II

| | |
|---|---|
| **Um 35 000 v. Chr.** | Während der Würm-Eiszeit lebt in den Tälern der Dordogne der Cro-Magnon-Mensch. |
| **17 000–10 000 v. Chr.** | Höhlenmalereien aus der späten Altsteinzeit deuten auf Jagdzauber und magische Zeremonien hin. |
| **600 v. Chr.** | Keltische Stämme wandern von Osten ein. Im Quercy lassen sich die Cadurcen, im Périgord die Petrocuren nieder. |
| **1. Jh. v. Chr.** | Die Römer unterwerfen Aquitanien. Cahors (Divona Cadurcorum) und Périgueux (Vesuna Petrurcoriorum) werden Zentren der gallo-römischen Kultur. |
| **507** | Chlodwig bezwingt den Westgotenkönig Alarich und integriert Aquitanien ins Frankenreich. |
| **1152** | Eleonore von Aquitanien heiratet Heinrich Plantagenêt, den Herzog von Anjou, der später König von England wird. Beginn der englisch-französischen Rivalität. |
| **1190** | Richard Löwenherz besetzt Château de Beynac, das Quercy kommt unter englische Verwaltung. |
| **Anfang 13. Jh.** | Um ihren Einfluss in Südfrankreich zu sichern, unterstützt die französische Krone den päpstlichen Kreuzzug gegen die Katharer. So stößt Simon de Montfort bis an die Dordogne vor, wo er die Burgen Beynac und Domme schleift. |
| **1250** | Im englisch-französischen Krieg entstehen in etwa 50 Jahren rund 40 Bastiden in der südlichen Dordogne. |
| **1259** | Ludwig der Heilige überlässt dem englischen König das Quercy und das Périgord unter der Bedingung, dass die französische Oberhoheit anerkannt bleibt. |

| | |
|---|---|
| **1429–1452** | Die Befreiung Orléans durch Jeanne d'Arc bringt die Wende im Hundertjährigen Krieg, aber König Karl VII. braucht noch 23 Jahre, bis er die englische Armee an der unteren Dordogne endgültig schlägt. |
| **1540–1589** | Verbreitung des Protestantismus. Bergerac wird Protestantenhochburg, Castelnaud Hugenottenzitadelle. |
| **1637** | Die zunehmende Steuerbelastung stiftet Aufruhr unter den Bauern, die rund um Biron die Schlösser verwüsten. Söldnertruppen schlagen den Aufstand nieder. |
| **1685** | Aufhebung des Toleranzedikts von Nantes. Die protestantischen Zentren verlieren ihre Wirtschaftsbürger, die zu Tausenden ins Ausland emigrieren. |
| **1789–1793** | Französische Revolution. Die alten Provinzen (Périgord, Quercy) werden in der zentralistischen Republik als Departements (Dordogne, Lot) verwaltet. |
| **1843** | Die Fertigstellung des Kanals von Lalinde führt zu einem Aufschwung der Dordogne-Schifffahrt, der Mitte des 19. Jh. seinen Höhepunkt erreicht. Danach geht es bergab – die Eisenbahn ist eine unschlagbare Konkurrenz. |
| **1868** | Im Norden von Les Eyzies werden die ersten Cro-Magnon-Skelette gefunden. Die Reblaus zerstört die Weinberge von Bergerac und Cahors, Landflucht ist die Folge. |
| **1940–1945** | Die deutsche Wehrmacht besetzt halb Frankreich. Der größte Teil der Dordogne gehört zur ›freien Zone‹, die dem französischen Kollaborationsregime unterstellt ist. |
| **1962** | Die Höhle von Lascaux, seit 1947 öffentlich zugänglich und inzwischen die größte Sehenswürdigkeit der Region, wird wegen der irreparablen Veränderung des Mikroklimas geschlossen. |
| **1970 ff.** | Eine neue Welle der Landflucht erfasst die Dordogne. Viele Engländer erwerben die verwaisten Landhäuser als Zweitwohnsitze. |
| **1983** | Lascaux II, eine originalgetreue Nachbildung, wird fertiggestellt und zieht jährlich rund 200 000 Besucher an. |
| **2006** | Auf der Dordogne werden die Weltmeisterschaften im Kanumarathon ausgetragen. |

# Gut zu wissen

Gänse – die Symboltiere der Dordogne

## Fotografieren

Mit seinen Naturschönheiten, pittoresken Dörfern und historischen Monumenten ist das Dordogne-Tal ein Dorado für Hobbyfotografen. In Höhlen und Schlössern ist das Fotografieren in der Regel untersagt. Filme bringt man am besten von zu Hause mit, weil sie in Frankreich in der Regel teurer und die gewünschten Marken in den kleinen Ortschaften oft nicht erhältlich sind.

## Höhlenbesichtigungen

Wärme, Licht und Luftströme stören das Mikroklima der prähistorischen Höhlen, die von Algen- und Moosbefall bedroht sind. Die Besucherzahlen werden daher beschränkt, was Wartezeiten mit sich bringt und – bei den berühmten Höhlen in der Hauptsaison – Vorbestellung nötig macht. Folgende Verhaltensregeln gelten: die Tropfsteine und Wände nicht berühren, keine sperrigen Gegenstände oder Tiere mitnehmen, keine Nahrungsmittel auspacken, keine Abfälle zurücklassen, nicht fotografieren. Wegen der niedrigen Temperaturen (10 °C) und oft schlüpfrigen Passagen empfiehlt sich warme Kleidung und festes Schuhwerk.

## Preisniveau & Reisekasse

Ein Doppelzimmer im Dreisterne-Hotel kostet rund 60 €, ein Restaurantbesuch am Abend beläuft sich für zwei Personen mindestens auf denselben Betrag. Lebensmittel in Supermärkten entsprechen deutschen Preisen, Getränke und Naschereien in Cafés und Eisdielen jedoch kosten deutlich mehr (Espresso 1,50 €, Bier oder Softdrinks 3 €, eine Kugel Eis fast 2 €). Für eine Tagestour in Kanu oder Kajak bezahlt man rund 20 € pro Person, für ein Mountainbike an die 15 €. Der Eintritt in Museen und Sehenswürdigkeiten kostet 5–10 €, in Freizeit- und Abenteuerparks das Doppelte.

## Rauchen

In Frankreich gibt es keine Zigarettenautomaten. Tabakwaren kauft man im *bureau de tabac,* wo es auch Telefonkarten und Briefmarken gibt. Rauchen ist in allen öffentlichen Gebäuden, Restaurants und Cafés gesetzlich verboten.

## Reisezeit

Von Mitte April bis Mitte Oktober herrscht gutes Reisewetter. Gelegentlich drängt eine kurze Regenphase oder die sommerliche Hundshitze (über 30 °C) die Urlauber vermehrt in Museen und Höhlen. In der zweiten Augusthälfte kündigen morgendliche Hochnebel bereits den Herbst an. Bei angenehmen Temperaturen und geringen Besucherzahlen erlebt man in der

Nebensaison überall noch die gewünschte Idylle. Im Juli/August haben dafür die Sehenswürdigkeiten die längsten Öffnungszeiten, und die Gefahr, bei Restaurants einen Ruhetag zu erwischen oder gar vor einem geschlossenen Hotel zu stehen, ist sehr gering.

## Son & Lumière

Burgen und Kirchen werden mit ›Ton & Licht‹ animiert, so dass historisches Gemäuer lebendig wird und Geschichte(n) erzählt.

## Souvenirs

Die beliebtesten Mitbringsel sind die hervorragenden **Feinkostprodukte,** die von der *foie gras* über sämtliche Geflügelkonserven, Trüffel- und Nussprodukte bis zum Wein reichen. Es gibt sie auf den Märkten, in speziellen Supermarktregalen und in schmucken, nicht gerade billigen Läden mit der Aufschrift »Produits régionaux«.

Es empfiehlt sich jedoch der Kauf beim Hersteller, der gerne auch einen Einblick in die Produktion gestattet. In manchen Betrieben wird sogar das als ›quälende Mast‹ höchst umstrittene Stopfen *(gavage)* der Enten oder Gänse vorgeführt. Nicht aus ökonomischer Barmherzigkeit, sondern wegen der zuverlässigen Qualität kauft man die Geflügelspezialitäten am besten bei den ›artisanalen‹ Konserverien *(conserverie artisanale)*, die nicht für den Export, sondern für den heimischen Markt produzieren. Auch Ölmühlen und Distillerien öffnen sich zu bestimmten Zeiten interessierten Besuchern. Eine Liste mit den Adressen und Besuchszeiten erhält man in den Fremdenverkehrsämtern.

Auch wenn die ›Weinhäuser‹ in Bergerac oder Cahors sich preislich nicht oder kaum von den Weingütern unterscheiden und als Distributoren eine größere Palette anbieten, ist doch der Weinkauf direkt beim Erzeuger das größere Erlebnis. In den Offices de Tourisme der Weinzentren liegen detaillierte Prospekte über die Weinstraßen (Routes des Vins) aus, die Adressen enthalten und zu Rundfahrten animieren. Weinproben bieten die beste Gelegenheit zum Gespräch mit den Winzern, die sich – anders als im vornehmen Bordelais – gerne Zeit für jeden Kunden nehmen. Die Degustationszeiten sind meist Mo–Sa 9–12.30 Uhr und 14.30–19 Uhr.

Beliebte Souvenirs sind neben den Feinkostartikeln **kunsthandwerkliche Produkte** wie Büttenpapier, Glaskunst, Gravuren, Keramik, Korbwaren, Messer, Möbel und Schmuck aller Art. Der Übergang vom Gebrauchsartikel zum Kunstobjekt ist fließend. Künstler und Kunsthandwerker findet man konzentriert in pittoresken Ortschaften wie Cadouin, Limeuil, Monpazier, Saint-Cirq-Lapopie, wo die Ateliers für Besucher geöffnet sind und der Ausstellungsraum zugleich Laden ist. Aber auch in anderen Dörfern warten Bildhauer, Drechsler, Glasbläser, Juweliere, Maler, Schmiede, Töpfer etc. auf Kunden.

Für beide Departements (Lot, Dordogne) gibt es je eine Karte Route des Métiers d'Art, die jeweils eine Adressenliste enthält und in größeren Touristeninformationen erhältlich ist.

## Spartipps & Ermäßigungen

Am meisten schont das Portemonnaie, wer nicht zur Hauptsaison unterwegs ist. Die Preise der Ferienhäuser und Hotels unterliegen nämlich starken saisonalen Schwankungen. So muss man im Juli/August für die Unterkunft nicht selten doppelt so viel zahlen wie im Frühjahr oder Herbst. Selbstverständlich ist das Zelten die billigste Form der Über-

## Boulangerie & Epicerie

In jedem Dorf gibt es eine Bäckerei, die selbst am Sonntagmorgen geöffnet hat und frische Baguettes verkauft. Neben der klassischen Stange gibt es auch die schmalere *ficelle*, die spitz zulaufende *banette* und das *pain de campagne* (Landbrot). Fast jede Boulangerie ist zugleich Pâtisserie und liefert das Croissant oder *pain au chocolat* (Schokocroissant), außerdem kleine Törtchen *(petits fours, tartes)* und Pralinen *(chocolats)*. Auf dem Land findet man zudem noch die kleinen Tante-Emma-Läden *(épicerie)*, in denen sämtliche Lebensmittel auf engem Raum gestapelt und auch örtliche Informationen erhältlich sind. Die Ladenbesitzer kennen ihre Stammkunden seit Jahren und legen Wert auf das persönliche Gespräch. Auch Touristen werden nicht nur als Käufer betrachtet. Man will gerne wissen, woher sie kommen und wie es ihnen im Dorf gefällt. Dafür erhalten sie zu ihren Brötchen gratis Auskunft und Hilfe.

nachtung – und das Dordognetal ist bekannt für sein breit gefächertes Angebot an schönen Campingplätzen.

Restaurantbesuche sind das ganze Jahr über teuer. Freilich bieten viele Lokale wochentags recht günstige Mittagsmenüs an. Es besteht auch häufig die Möglichkeit, das Menü um einen oder zwei Gänge zu verkürzen. In Cafés sind die Tarife am Bartresen niedriger als mit Bedienung am Tisch oder auf der Terrasse.

Wer im Ferienhaus wohnt und über eine eigene Küche verfügt, kann sich gut selber versorgen. Auf den Märkten und Supermärkten erhält man relativ preiswert Nahrungsmittel von bester Qualität. Mittags genügt unter Umständen eine Baguette, ein Stück Käse oder ein Töpfchen Rillettes – und schon ist das Picknick perfekt. In jedem Dorf gibt es eine Bäckerei und Epicerie (s. Tipp), wo man sich auch unterwegs schnell das Nötige besorgen kann. Bei den Supermärkten findet man übrigens auch die billigsten Tankstellen.

Die Eintrittspreise zu Museen, Höhlen und Schlössern liegen um 5 bis 8 € und sind damit halb so teuer wie Freizeit- und Abenteuerparks. Kinder, Studenten und Senioren erhalten zudem Ermäßigungen. Die ermäßigten Tickets kosten dann die Hälfte bis zwei Drittel des Normalpreises. Auch für Gruppen gibt es Sondertarife *(forfaits)*.

### Sprache

Die wenigsten Franzosen sprechen oder verstehen Deutsch. Lediglich in den Museen und Schlössern werden zunehmend deutsche Übersetzungstexte bereitgelegt und manchmal auch Führungen in deutscher Sprache angeboten. Sonst kann man nur in einigen Tourismusbüros und vornehmen Hotels mit sprachlichem Entgegenkommen rechnen. Als Zweitsprache ist das Englische durchgesetzt. Auch wenn es als Verständigungsmittel gut weiterhilft, sind Grundkenntnisse des Französischen äußerst nützlich. Wer sich in der Landessprache bemüht, bekundet Interesse am Land und wird von den Einheimischen besonders zuvorkommend bedient. Oft reicht der Grundwortschatz der Höflichkeit (»Bonjour, Monsieur/Madame«, »Ça va?«, »S'il vous plaît«, »Merci beaucoup«), um sich die Gunst der Einheimischen zu sichern. Einige Brocken mehr erlauben Ihnen schon kleine Fachsimpeleien auf den Märkten. Im Übrigen gilt im Quartier wie bei der Weinprobe: Die besten Tipps erhält man auf Französisch.

## Trinkgeld

Taxifahrer rechnen mit ca. 10 % des Fahrpreises als Trinkgeld. Auch Gepäckträger, Toilettenpersonal und Friseure erwarten ein *pourboire*. Obwohl in Hotels, Restaurants und Cafés das Bedienungsgeld in den Rechnungen inbegriffen ist, rundet man beim Bezahlen um 5–10 % auf. Man lässt das Trinkgeld in dem kleinen Teller liegen, auf dem das Restgeld zurückkommt.

## Umweltschutz

Die Karst- und Flusslandschaft der Dordogne ist mit ihrer vielfältigen Flora und Fauna noch weitgehend intakte Natur. Die Urlauberströme stellen für sie eine Belastung dar. Halten Sie Flussufer und Rastplätze sauber, bleiben Sie auf den Pfaden und Wanderwegen, lassen Sie Hunde an der Leine. In Naturschutzgebieten sollte man keine Blumen pflücken, kein Feuer anzünden, seine Abfälle wieder mitnehmen. Wildes Zelten ist überall verboten.

## Zeitungen

»La Depêche du midi« und »Sud Ouest« sind die meistgelesenen Tageszeitungen der Region und in Lebensmittelläden und Supermärkten erhältlich. Neben einem großen Lokalteil findet man darin auch Veranstaltungshinweise. In den größeren Städten gibt es eine »Maison de la presse« oder eine entsprechende Librairie-Papeterie, die eine breite Palette von Presseerzeugnissen und Büchern anbietet. Dort gibt es manchmal auch deutschsprachige Tageszeitungen und Wochenmagazine, allerdings in so geringer Anzahl, dass die Ausgabe sehr schnell vergriffen ist.

**Ein süßes Mitbringsel – Honig**

# Feste & Unterhaltung

Trachtenumzug in Sarlat

## Feiertage

**1. Januar:** Neujahr (Nouvel An)
**Ostermontag** (Lundi de Pâques)
**1. Mai:** Tag der Arbeit
**8. Mai:** Ende des Zweiten Weltkriegs (Armistice 1945)
**Christi Himmelfahrt** (Ascension)
**Pfingstmontag** (Lundi de Pentecôte)
**14. Juli:** Nationalfeiertag
**15. August:** Mariä Himmelfahrt (Assomption)
**1. November:** Allerheiligen (Toussaint)
**11. November:** Ende des Ersten Weltkriegs (Armistice 1918)
**25. Dezember:** 1. Weihnachtsfeiertag (Noël)

## Feste und Festivals

Neben den traditionellen Festen, die meist mit der Ernte oder Herstellung der wichtigsten Landesprodukte (Kastanie, Trüffel, Käse, Wein) in Verbindung stehen, haben in den letzten Jahrzehnten die Festivals, die verschiedenen Künsten (klassische Musik, Jazz, Film, Tanz, Pantomime, Theater) gewidmet sind, immer größere Bedeutung gewonnen. Erstere orientieren sich am bäuerlichen Jahresrhythmus und haben für die Einheimischen wirtschaftlich wie sozial große Bedeutung. Letztere konzentrieren sich auf die Touristensaison und strahlen als Events oft weit über die Region hinaus.

### Januar

**Foire de la truffe:** dritter Sonntag des Monats in Sorges. Großes Rendez-vous der Gastronomen, Traiteurs und Konservenfabrikanten, die um die edle Wintertrüffel feilschen.

### Februar

**Carnaval du mardi gras:** Faschingsdienstag in Périgueux. Umzug mit geschmückten Wagen.

### Mai

**Floralies:** zweites Maiwochenende in St-Jean-de-Côle. Renommierte Blumenschau.
**Fête du Vin:** Ende Mai, oft Pfingstwochenende in Albas (Lot-Tal): Traditionsreichstes Weinfest im Cahors-Gebiet mit Degustation und Darbietungen aller Art.

### Juni

**Rangueta:** Pfingstmontag (Jahre mit geraden Zahlen) in Sarlat. Fest mit perigordinischem Essen und traditionellen Spielen.
**Fête des Fromages fermiers:** Anfang Juni in Rocamadour. Ein halbes

Hundert nichtindustrieller Hersteller präsentieren alle Arten von Kuh-, Schaf- und Ziegenkäse zu Volksmusikklängen. Im Zentrum der Aufmerksamkeit steht trotz allem der *cabécou* (S. 24).

**Johannistag:** 24. Juni. An zahlreichen Orten werden Sonnwendfeuer entzündet und umtanzt.

## Juli

**La Félibrée:** am ersten Julisonntag jedes Jahr in einer anderen Stadt des Périgord. In wertvollen Trachten ziehen Männer und Frauen durch die blumengeschmückten Straßen zum zentralen Platz, wo die ›Königin‹ die Stadtschlüssel in Empfang nimmt und eine Rede im perigordinischen Dialekt hält. Das Festbankett ist eine einzige Schlemmerei.

**La Truffe d'Argent:** am ersten Julisonntag in Périgueux. Schlagerwettbewerb für Jugendliche (ab 13).

**Festival musical du Périgord Noir:** ab Anfang Juli in der Umgebung von Montignac. Rund 20 Konzerte alter und klassischer Musik, dargeboten von erstrangigen Künstlern u. a. in den Kirchen von St-Léon, St-Amand-de-Coly, St-Geniès.

**Table de Cyrano:** um den 14. Juli in Bergerac. Wirte und Winzer verwandeln die Altstadt in ein riesiges Schlemmerbüfett.

**Cahors Blues Festival:** um den 14. Juli in Cahors, www.cahorsbluesfestival.com. Exzeptionelles Programm und Gratiskonzerte mit internationalen Stars auf der Place Mitterrand und am Boulevard Gambetta.

**Musiques et Danses du Monde:** Ende Juli in Montignac. In den Straßen eines perigordinischen Marktfleckens tummeln sich Tanzgruppen aus Guyana, Malaysia, Peru, Ungarn etc.

**Musique et Paroles en Ribéracois:** 2. Julihälfte in Ribérac. In Bars, Parks und auf öffentlichen Plätzen treten Chansonsänger und -sängerinnen aus Frankreich und aller Welt auf.

**Festival de Jazz:** 3. Juliwochenende in Souillac, www.souillacenjazz.net. 30 Jahre alt und damit das traditionsreichste Festival in einer jazzfreundlichen Region.

**Africajarc:** Ende Juli in Cajarc, www.africajarc.com. Rund um einen afrikanischen Markt gibt es tagelang Musik, Tanz, Theater, Filme und Geschichten

## Volksfeste in den Dörfern

Jedes Dorf hat sein Volksfest. Es heißt *fête votive, fête patronale* oder schlicht *fête locale* und wird in der wärmeren Jahreszeit gefeiert, z. B. zur Kirchweih. Für die Kleinen ein Rummelplatz, für die Großen Imbissbuden und Tanzmusik – und schon kann's losgehen. Auch ein Jahrmarkt *(foire)* oder ein Trödelmarkt *(brocante, vide-grenier)* können Anlass für ein größeres Volksfest sein. Zum Begleitprogramm gehören Wettkämpfe aller Art: ein *concours de pétanque* (eine Art Boulespiel), ein Angelwettstreit o. Ä. Kulinarisch wird meist eher Fremdländisches geboten: Couscous, *méchoui* (Lamm am Spieß) und *moules frites* (Muscheln mit Pommes frites); regionaltypische Spezialitäten sind recht teuer und daher weniger populär. Trotzdem: Die Dorfbewohner besinnen sich bei solchen Festen auf die eigene bäuerliche Tradition. Sie führen vor, wie man einst Getreide drosch und Pferde beschlug – und freuen sich über jeden Fremden, der sich auf den Festplatz verirrt.

vom Schwarzen Kontinent. Auch Kunsthandwerk und Gastronomie fügen sich ins Bild.

**Festival des Jeux du Théâtre:** Mitte Juli bis Anfang August in Sarlat, www.festival-theatre-sarlat.com. Sarlat wird drei Wochen lang abends zur Freilichtbühne, auf der renommierte Künstler auftreten und neue Talente entdeckt werden. Unterschiedlichste Darbietungen an wechselnden Plätzen: Aufführungen klassischer Stücke (Shakespeare, Molière), Gegenwartstheater (Brecht, Camus, Houellebecq) und alle Arten von Performance.

## August

**Mimos:** 1. Augustwoche in Périgueux, www.mimos.fr. Internationales Pantomimenfestival unter dem Patronat von Marcel Marceau. Spektakuläre Straßenparaden und -performances im Grenzbereich von Tanz, Musik, Lichtspiel und Plastik.

**Festival lyrique de Saint-Céré et du Haut-Quercy:** Ende Juli/Mitte Aug. in Saint-Céré und Umgebung, www.festival-saint-cere.com. Dieses Musikfestspiel ist Freunden der klassischen Gesangskunst ein Begriff. Auf dem Programm stehen Opern, Messen und Vokalmusik, die von erstrangigen Solisten und Chören dargeboten wird. Eine ehemalige Kofferfabrik, die Usine, steht für die Darbietungen zur Verfügung. Für die festlicheren Aufführungen bieten Kirchen und Schlösser den passenden Rahmen.

**L'Eté musical en Bergerac:** Mitte Juli bis Anfang September in und um Bergerac. Chöre aus Riga, amerikanische Gospelsänger, ein afrikanisches Ballett oder das Kammerorchester von Toulouse – es gastieren die unterschiedlichsten Musikensembles in lockerer Folge.

**Table de Roxane:** Um Mariä Himmelfahrt in Bergerac. Das zweite große Schlemmerbüfett in der Weinstadt.

**Rencontres Cinéma:** Ende August in Gindou, www.gindoucinema.org. In dieses typische Dorf der Bouriane, 20 km südwestlich von Gourdon, zieht es alljährlich 10 000 Cineasten, die unter dem Sternenhimmel ungewöhnliche Filme anschauen.

## September

**Sinfonia:** an drei Wochenenden in der Umgebung von Périgueux. Barock- und Renaissancemusik in Kirchen und Schlössern von Agonac, Bourdeilles, Brantôme.

**Rassemblement de Mongolfières:** letzter Sonntag im September in Rocamadour. Großes Fesselballon-Treffen mit Teilnehmern aus ganz Europa. Aus dem Alzou-Canyon treiben die bunten Ballons über die Dächer der am Fels klebenden Häuser: ein erhebendes Schauspiel.

## Oktober

**Fête des Vendanges:** Anfang des Monats in Bergerac. Weinlesefest.

**Fête du Safran:** Ende Oktober in Cajarc (oberes Lot-Tal). Erntefest mit Markt und interessanter Führung durch ein Safranfeld.

**Fête de la Châtaigne:** am vorletzten Wochenende in Villefranche-du-Périgord. Nach der Kastanienlese Tanz, Musik und Kastanienspezialitäten.

## November

**Festival international du film**: Anfang November in Sarlat. Filmfestival mit nationalen und ausländischen Beiträgen.

**Salon du Livre Gourmand**: internationale Kochbuchmesse alle zwei Jahre Mitte November in Périgueux.

## Familienfreundliches Umfeld

Für einen Urlaub mit Kindern sind die zahlreich vorhandenen Campingplätze und Ferienhäuser *(gîtes)* ideal. Unterwegs findet man häufig Picknickplätze, zum Teil mit Spielgeräten ausgestattet. Zahlreiche Restaurants bieten preiswerte Kindermenüs an, die Radverleiher haben Kinderräder im Angebot, und auch bei den Eintrittspreisen der Museen und Sehenswürdigkeiten gibt es familienfreundliche Regelungen: der Eintritt ist für Kinder meist bis zum Alter von 4 oder 6, im Bestfall bis zu 12 Jahren gratis und die ermäßigten Tickets kosten die Hälfte bis zwei Drittel des Normalpreises.

## Bähnchen und Bootsfahrten

In Souillac, Rocamadour, Cahors, Figeac, Bergerac oder Périgueux gibt es Touristenbähnchen *(petit train)*, mit denen auch den Kleinen die Besichtigung einer Altstadt Spaß macht. Ähnliches gilt für die kommentierten Bootsfahrten und Nostalgiezüge (ab Cahors, Martel, Bergerac/Sarlat). Übrigens ist auch ein Höhlenbesuch nicht selten mit einem Transporterlebnis verbunden, denn manche der Grotten (Lacave, Padirac, Rouffignac) sind so tief im Erdinneren gelegen, dass man mit Bähnchen, Aufzügen oder Booten einfährt.

## Höhlen, Burgen, Eco-Museen

Nichts weckt den kindlichen Entdeckergeist so sehr wie die Höhlen, seien es Tropfsteinhöhlen oder prähistorische, in denen Handumrisse, Bärenkuhlen oder Ritzzeichnungen Rätsel aufgeben. Ähnliches gilt für die oft musterhaft restaurierten Burgen (Beynac, Bonaguil, Bourdeilles), die in der Regel ohne gängelnde Führung für eine *visite libre* offen stehen. Fantasiebeflügelnd sind auch die alten Mühlen, v. a. wenn sie noch in Aktion sind (wie in Cougnaguet bei Rocamadour, Martel oder Couze-et-St-Front). Noch faszinierender die Freiluftmuseen, die mit allerlei Vorführungen ein Perigord-Dorf ›aus der guten alten Zeit‹ lebendig werden lassen (Le Bugue, Cuzals).

## Themen- und Tierparks

Nach demselben Prinzip funktionieren eine Handvoll Parks, in denen die Lebenswelt der Frühmenschen illusionistisch nachgestellt ist: Prehistologia (Lacave), Préhisto-Parc (Tursac), Parc aux Dinosaures (Le Conquil/St-Léon-sur-Vézère). Le Thot (bei Montignac) hingegen ist schon ein Tierpark – mit ›echter‹ prähistorischer Fauna. Es gibt in der Region, kleiner dimensioniert und artgerechter als klassische Zoos, erstaunlich viele Tiergärten (die meisten in und um Rocamadour).

## Freizeitparks

Freizeitparks *(parcs de loisir)* und Erlebnisbäder *(parcs aquatiques)* schießen wie Pilze aus dem Boden. Ein künstlicher Teich oder Riesenpool mit Rutschen und Tretbooten, rundherum ein weitläufiges Terrain mit Trampolin, Klettergeräten, Boulodrome, Minigolf – dies und vieles mehr versprechen die plakativ angekündigten Anlagen mit den suggestiven Namen: Archipel de Cahors, Padirac Loisirs, Quercyland (Souillac), Aux Etangs du Bos (Le Bugue), L'Archipel (Cahors), Aquafolies (Payrac), Le Paradou (Ribérac). Die auf Waldgrundstücken eingerichteten Abenteuerparks stellen eine Steigerung dar und sind unter Jugendlichen entsprechend gefragt (s. Tipp S. 30).

# Übernachten

Romantische Gastlichkeit direkt an der Dordogne

## Hotels

Vom einfachen Stadthotel bis zum luxuriösen Schloss findet jeder Durchreisende in der Dordogne das passende Quartier. Die Hotels unterliegen einer alljährlichen Kontrolle und sind nach ihrer Ausstattung in vier Kategorien unterteilt:

| | |
|---|---|
| * | einfach |
| ** | komfortabel |
| *** | sehr komfortabel |
| **** | Luxus |

Für die Übernachtung in einer einfachen Unterkunft, meist nur mit Dusche, muss man mindestens 30 € veranschlagen. In der Luxusklasse kostet das DZ ab ca. 120 €. Das Frühstück wird in der Regel extra berechnet (5–7 €). In der Hauptsaison ist Halbpension oft verpflichtend.

Im Mittelklassebereich zeichnen sich die **Logis de France** (Emblem: gelber Kamin auf grünem Grund) durch familiäre Atmosphäre und ein gutes Preis-Leistungsverhältnis aus. Die **Relais du Silence** (Silence-Hotels) garantieren zu etwas höheren Preisen eine lärmfreie, naturnahe, manchmal bezaubernde Lage. Dies gilt auch für die Häuser mit Charakter (alte Herrenhäuser, Klöster, Schlösser), die sich in den Ketten **Relais & Châteaux** oder **Châteaux & Hotels Indépendants** zusammengeschlossen haben und dem Reisenden für kurze Zeit den Genuss fürstlichen Wohnens bescheren.

Adressen und Infos bei:

**Fédération Nationale des Logis de France**
83, avenue d'Italie, 75013 Paris
Tel. 01 45 84 83 84
Fax 01 45 83 59 66
www.logis-de-france.fr

**Relais du Silence**
2, passage du Guesclin, 75015 Paris
Tel. 01 45 66 77 77
Fax 01 40 65 90 09
www.silencehotel.com

**Relais & Châteaux**
Pariser Straße 51, 10719 Berlin
Tel. 030/88 00 18 08
Fax 030/88 62 53 48
www.relaischateaux.com

**Châteaux & Hôtels Indépendants**
15, rue Malebranche, 75005 Paris
Tel. 01 40 07 00 20
Fax 01 40 07 00 30
www.chatotel.com

## Ferienhäuser

Die staatlich kontrollierten **Gîtes de France** sind oft in Bauernhöfen, Weingütern oder charakteristischen Landhäusern abseits der Touristenzentren untergebracht und ermöglichen direkten Kontakt mit den Einheimischen. Die

Klassifizierung kennt ein bis vier Ähren: einfach, komfortabel, sehr komfortabel, äußerst komfortabel und stilvoll.

Die Preise variieren je nach Saison und Hausgröße (Bettenzahl) erheblich. Verzeichnisse verschicken die regionalen Tourismusbüros oder die Pariser Zentrale:

**Maison des Gîtes de France et du Tourisme Vert**
59, rue St-Lazare
75439 Paris Cedex 09
Tel. 01 49 70 75 75
Fax 01 42 81 28 53
www.gites-de-france.fr

Als zweite Agentur bietet **Clévacances** mit etwas strikteren Qualitätskriterien Häuser an, die mit ein bis fünf Schlüsseln bewertet sind. Verzeichnisse über die regionalen Tourismusbüros oder die Zentrale in Toulouse:

**Fédération Nationale des Locations de France Clévacances**
54, boulevard de l'Embouchure
BP 2166, 31022 Toulouse Cedex
Tel. 05 61 13 55 66
Fax 05 61 13 55 94
www.clevacances.com

## Chambre d'hôte

Bed & Breakfast heißt in Frankreich *chambre d'hôte.* Die Gastgeber bieten außer dem Frühstück oft auch ein komplettes Abendessen, die sogenannte *table d'hôte,* und geben gern Ratschläge zur Freizeitgestaltung. Die Agentur **Gîtes de France** (s. o.) klassifiziert ihre Gästezimmer mit ein bis vier Ähren aufsteigend in Komfortklassen. Adressen halten die regionalen Fremdenverkehrsämter bereit.

## Camping

Es gibt im Dordogne-Tal viele, zum Teil sehr schön gelegene Zeltplätze, die nach ihrer Ausstattung mit einem bis vier Sternen bewertet und in der Regel von April bis Anfang Oktober geöffnet sind. Bademöglichkeit besteht nicht selten am Fluss, meistens zusätzlich im eigenen Swimmingpool. Darüber hinaus sind die meisten Anlagen mit Sport- und Spielplätzen ausgestattet, häufig gibt es auch Bar, Disco, Animation, Angebote für Kinder und organisierte Freizeitaktivitäten. Zahlreiche Campingplätze haben spezielle Einrichtungen für Caravans, die oft auch zu mieten sind. Darüber hinaus bieten Landwirte Camping auf dem Bauernhof *(camping à la ferme)* an. Verzeichnisse sind bei den lokalen Fremdenverkehrsämtern erhältlich. Nähere Auskünfte:

**Camping et Caravaning**
78, rue de Rivoli, 75004 Paris
Tel. 01 42 72 84 08
Fax 01 42 72 70 21
www.campingfrance.com

**Camping Information Dordogne**
Place Marc Busson, 24200 Sarlat
Tel. 05 53 31 28 01
Fax 05 53 28 35 29
www.campidor.com
www.campings-dordogne.com

## Jugendherbergen

Die *auberge de jeunesse,* die preiswerteste Unterkunftsmöglichkeit (Übernachtung mit Frühstück rund 10 €), ist mit ihren Schlafsälen vor allem für Gruppen geeignet, bietet oft aber auch kleinere Mehrbettzimmer oder sogar Einzel- und Doppelzimmer an. Man benötigt einen internationalen Jugendherbergsausweis. Eine Adressliste erhält man von der Fédération Unie des Auberges de Jeunesse:

**FUAJ**
27, rue Pajol, 75018 Paris
Tel. 01 44 89 87 27
Fax 01 44 89 87 10
www.fuaj.org

# Essen & Trinken

Tourin blanchi, die Zwiebelsuppe des Périgord

## Schlemmerparadies

Die Dordogne ist ein Schlemmerparadies, das mit einer bodenständigen Küche überrascht. Die deftigen Gerichte begeistern sogar die Feinschmecker, obwohl die Grundsätze der *nouvelle cuisine* kräftig missachtet werden: Statt der Butter wird Gänseschmalz verwendet, es wird lange geschmort, und auf den Teller kommen nicht nur frisch zubereitete, sondern oft auch konservierte Produkte.

Beliebt ist vor allem ›eingemachtes‹ Geflügel, das sogenannte **Confit.** Das Fleisch stammt von Gänsen oder Enten, ist butterweich und gilt als das klassische Festtagsessen. Die Palette der Hausmacherprodukte ist breit gefächert und reicht von den eingelegten Teilen über die Mägen und gefüllten Hälse bis zum Aufstrich und reinen Schmalz. Man erhält all diese Konserven auf den Märkten, in speziellen Supermarktregalen und in schmucken Feinkostläden mit der Aufschrift »Produits régionaux«.

Die **Foie gras** ist das Symbol einer Küchentradition, die sehr viel Zeit in die Vorbereitung der Speisen investiert. Auch die Proteste der Tierschützer haben nicht verhindern können, dass die Gänse- oder Entenstopfleber unter den Einheimischen nach wie vor als höchster Gaumengenuss gilt. Zusammen mit der schwarzen **Périgord-Trüffel** steht sie für das Prestige von Frankreichs meistgelobter Regionalküche. Zu ihren Spezialitäten zählen außerdem Steinpilze, Edelkastanien und Walnüsse, aus denen auch ein hervorragendes Öl gewonnen wird. Hinzukommen der **Cabécou,** ein wunderbar zarter Ziegenkäse, und eine eindrucksvolle Palette an Weinen (s. u.).

In jüngster Zeit hat sich die Dordogne-Küche modernisiert, den Bedürfnissen des gesundheitsbewussten, eiligen, in jeder Beziehung sparsamen Zeitgenossen angepasst. So sind die Foie gras und die mit Maronen und Pilzen gefüllte Ente für die Festtage reserviert. Sonst fährt man gut mit einem Salat, der mit Nussöl angemacht und nach Belieben mit einem *cabécou* oder *gésiers* angereichert ist, oder man genehmigt sich auch einmal ein Omelette mit Pilzen oder Trüffeln. Die Schnellrestaurants bieten **Assiettes Périgordines** oder **Assiettes Quercynoises** an, sättigende Platten, die von einfachen Pâtés bis zu geräucherten Entenbruststreifen die regionalen Produkte variantenreich kombinieren.

## Essen gehen

Bistros, Brasserien, Crêperien, Pizzerien und Schnellimbisse sind nur in die Städte vorgedrungen, wo vom Algerier bis zum Vietnamesen auch die Immigranten ihre kleinen Lokale eröffnet haben. Sonst findet man überall das traditionelle **Hotel-Restaurant,** das eine klassische oder auch verfeinerte Regionalküche bietet und je nach Ambition den herkömmlichen Schlemmer oder modernen Feinschmecker anspricht. Die preiswerteste und zugleich authentischste Variante regionaltypischer, bodenständiger Restaurants sind die **Ferme-Auberges** (wörtlich: Bauernhof-Gasthäuser). Den Kochlöffel schwingt hier die Bäuerin, und auf den Tisch kommt zumeist das, was aus der Scheune und vom Acker des Hofes stammt. Wenn sonst Privatleute einen Mittagstisch oder Abendessen anbieten, heißt diese direkteste Form von Gastwirtschaft **Table d'Hôte** (Gästetafel).

Die Bestellung *à la carte* ist nicht nur preislich ungünstiger als die Wahl eines Menüs, das in der Regel nach dem Marktangebot zusammengestellt und der Vorschlag des Küchenchefs ist. Häufig bestehen innerhalb der Menüs noch mehrere Wahlmöglichkeiten oder sogenannte *formules* (unterschiedliche Zahl bzw. Kombination der Gänge). Während der Woche gibt es mittags oft besonders preiswerte Menüs bzw. Tagesgerichte *(plat du jour).* Die Staffelung der Angebote reicht vom einstelligen bis in den dreistelligen Euro-Bereich.

## Weine

Der Name Bergerac war lange gleichbedeutend mit süßem Weißwein *(blanc moëlleux).* Und noch heute ist der südlich der Stadt reifende Goldtropfen von Monbazillac der ideale Foie-gras-Begleiter. Geschmackstypisch ist die Edelfäule, ein mikroskopisch kleiner Pilz, dessen Wachstum durch die Kombination von Morgennebel und Sonne in der Region begünstigt wird. Seit den 70er Jahren werden jedoch immer mehr trockene Weißweine *(blanc sec)* angebaut, fruchtige Sauvignons, die durch den Verschnitt mit der Sémillon- und Muscadelle-Traube ihr gewisses Etwas erhalten.

Die Hälfte der Gesamterzeugung kommt im Bergerac aber inzwischen auf den Rotwein, der sich mit seinen Rebsorten (Cabernet Sauvignon, Cabernet Franc, Merlot) ganz am großen Bruder Bordeaux orientiert. Durchaus mit einem Saint-Emilion vergleichbar, ist der im Osten Bergeracs angebaute Pécharmant sicherlich der feinste Rotwein der Region, nicht aber der robusteste und originellste. Dieses Prädikat gebührt dem »schwarzen Wein« von Cahors (s. Tour 3, S. 112), der zu 70 % aus der Auxerrois-Rebe gekeltert wird und wegen seines Gerbstoffreichtums und der ausgesprochen erdigen Note der passende Begleiter zum bäuerlichen Gänse- oder Entenconfit ist.

### Foie gras

Die echte Stopfleber eignet sich nicht als Ware, weil sie ohne Konservierungsmethode roh auf den Tisch kommt und nur 5–6 Tage haltbar ist. Die pasteurisierte, bei annähernd 70 °C eine gute Stunde lang erhitzte *foie gras mi-cuit* ist eine Halbkonserve, die in Kühlwagen transportiert werden kann. Nur die bei rund 110 °C sterilisierte *foie gras cuit* ist eine wirkliche Konserve, die problemlos kommerzialisierbar ist. Das neueste und auch preislich marktgerechteste Produkt ist der *bloc de foie gras,* eine Emulsion aus minderwertiger *foie gras,* viel Wasser, etwas Säure und Zucker.

# Kulinarisches Lexikon

## Vorspeisen & Suppen (hors d'œuvres & soupes)

**cabécou** kleiner runder Ziegenkäse, weiß und cremig
**charcuterie** Teller mit Wurst- und Schinkenaufschnitt
**chèvre chaud** gebackener Ziegenkäse (meist mit Salat serviert)
**crudités** geraspelte Rohkost mit Vinaigrette
**écrevisses** Krebse
**escargots** Schnecken
**foie gras de canard/d'oie** Enten- bzw. Gänsestopfleber
**jambon** Schinken
**pâté** Pastete
**rillettes** Aufstrich aus geschmortem Gänse- oder Schweinefleisch
**saucissons** salamiähnliche Dauerwürste aus Schweine- oder Wildfleisch
**terrine** Pastete
**tourin blanchi** périgordinische Zwiebelsuppe, die nach Knoblauch und Gänseschmalz schmeckt

## Fleisch (viande)

**agneau** Lamm
**andouillette** Kuttelwurst
**bœuf** Rind
**boudin** Blutwurst
**brochette** Spießchen
**caille** Wachtel
**canard** Ente
**cassoulet** Eintopf mit Fleisch, Wurst und weißen Bohnen
**civet** Ragout
**confit** im eigenen Fett eingemachtes Enten- oder Gänsefleisch
**daube** lange geschmortes Ragout
**dinde** Pute
**enchaud** Confit vom Schwein
**foie** Leber
**foie gras poêlé** Stopfleber, als Schnitzel gebacken
**gésiers** eingemachte Gänse- oder Entenmägen
**gibier** Wild
**gigot** Keule
**lapin** Kaninchen
**lièvre** Hase
**magret de canard** Entenbrust
**marcassin** Wildschwein
**oie** Gans
**perdreau** Rebhuhn
**pigeon** Taube
**pintade** Perlhuhn
**porc** Schwein
**poulet** Hühnchen
**rognons** Nieren
**sanglier** Wildschwein
**tripes** Kutteln
**veau** Kalb
**volaille** Geflügel

## Fisch (poisson)

**anguille** Aal
**brochet** Hecht
**friture** junge, im Ganzen frittierte Dordogne-Fische
**lamproie** Meerneunauge
**daurade** Goldbrasse
**lotte de mer** Seeteufel
**loup de mer** Seewolf
**perche** Barsch
**raie** Rochen
**sandre** Zander
**saumon** Lachs
**thon** Thunfisch
**truite** Forelle
**turbot** Butt

## Beilagen & Gemüse (garnitures & légumes)

**artichaut** Artischocke
**asperges** Spargel
**carottes** Möhren
**cèpes** Steinpilze
**châtaignes** Esskastanien

**chou** Kohl
**concombre** Gurke
**courgette** Zucchini
**épinards** Spinat
**fenouil** Fenchel
**girolles** Pfifferlinge
**haricots** Bohnen
**lardons** Speckwürfel
**lentilles** Linsen
**marrons** Esskastanien
**morilles** Morcheln
**nouilles/pâtes** Nudeln
**oignons** Zwiebel
**poireau** Lauch
**poivron** Paprika
**pommes de terre** Kartoffeln
**pommes sarladaises** mit Gänseschmalz krustig gebratene Kartoffeln
**riz** Reis
**truffes** Trüffel

## Desserts & Obst (desserts et fruits)

**abricot** Aprikose
**cerise** Kirsche
**citron** Zitrone
**crème brûlée** karamellisierte Vanillecreme
**fraise** Erdbeere
**framboise** Himbeere
**fromage blanc** Quark
**gâteau** Kuchen
**glace** Eis
**melon** Melone
**noix** Walnüsse
**noisettes** Haselnüsse
**pêche** Pfirsich
**pomme** Apfel
**prune** Pflaume
**raisins** Trauben
**sorbet** Fruchteis
**tarte** Obstkuchen
**tarte tatin** gestürzter, karamellisierter Apfelkuchen

## Getränke (boissons)

**bière** Bier
**café** Espresso
**crème** Kaffee mit Milch
**de l'eau** Wasser
**eau de vie** Schnaps
**eau gazeuse** Mineralwasser
**diabolo** verdünnter Sirup
**infusion** Kräutertee
**jus** Saft
**lait** Milch
**pression** Bier vom Fass
**thé** schwarzer Tee
**vin** Wein

## Sonstiges

**ail** Knoblauch
**échalottes** Schalotten
**fromage** Käse
**graisse** Schmalz
**huile** Öl
**laitue** Kopfsalat
**sel** Salz
**pain** Brot
**persil** Petersilie
**poivre** Pfeffer
**vinaigre** Essig

## Allgemein

**assiette** Teller
**chaise haute** Kinderstuhl
**couteau** Messer
**cuillère** Löffel
**déjeuner** Mittagessen
**dîner** Abendessen
**fourchette** Gabel
**manger/boire** essen/trinken
**petit déjeuner** Frühstück
**petite cuillère** Teelöffel
**plat** Gericht
**plat du jour** Tagesgericht
**repas** Mahlzeit
**table** Tisch
**verre** Glas

# Aktivurlaub

Blick über die Gorges de Dordogne bei Busatier

## Angeln

Die naturbelassenen Bäche und Flüsse laden zum beschaulichen Angeln ein. Interessenten besorgen sich den Angelschein für Urlauber und eine Fischfang-Karte des jeweiligen Departements. Auskunft:

**Fédération du Lot pour la pêche et la protection du milieu aquatique**
182, quai Cavaignac, 46000 Cahors
Tel. 05 65 35 50 22
Fax 05 65 23 92 48

**Fédération de la Dordogne pour la pêche et la protection du milieu aquatique**
2, rue Antoine-Gadaud
24002 Périgueux
Tel. 05 53 53 44 21
Fax 05 53 54 57 91

## Baden

An den Ufern der Dordogne, des Lot und des Célé findet man überall Badeplätze, die aber selten (z. B. in Gluges, Le Pont de Vicq, Coux, St-Cirq-Lapopie) überwacht sind. Beliebte Wildbadestrände sind an der Dordogne Plage de Caudon (Vitrac), Pont de Vitrac und Port de Cénac (Domme), Beau Rivage und Plage de la Roque (La Roque-Gageac), Plage du bourg (Castelnaud), Port de Limeuil, Plage d'Envaux. Die lokalen Verkehrsbüros informieren auch über Teiche *(étangs),* künstliche Seen *(plans d'eau)* und Schwimmbäder, die, mit Wasserrutschen und anderen Spielgeräten ausgestattet, als Aquaparcs firmieren.

## Drachen- & Gleitschirmfliegen

Den besten Überblick über die Flusslandschaft hat man aus der Vogelperspektive. Ob *deltaplane* (Drachen) oder *parapente* (Gleitschirm), gute Thermik und Startmöglichkeiten gibt es im oberen Dordogne- (Floirac), v. a. aber im Lot-Tal (Saujac, Larnagol, von Douelle bis Luzech). Eine Schule für Gleitschirmfliegen ist **Parapente Valley** in Floirac (Tel. 05 65 19 27 42, Fax 05 65 41 69 23, www.parapente-valley.com). Nähere Auskünfte über den Verband:

**Fédération Française de Vol libre**
4, rue de Suisse, 06000 Nice
Tel. 04 97 03 82 82
www.ffvl.fr

## Fesselballon

Flüge mit dem Fesselballon *(mongolfière)* werden ganzjährig angeboten und dauern 1–2 Std. Reservierung ist erforderlich. Info: www.montgolfiere.fr. In La Roque-Gageac startet etwa:

**Montgolfières du Périgord**
Clos Saint Donat, La Roque-Gageac
Tel. 05 53 28 18 58
www.montgolfiere-du-perigord.com

## Hausboote

Die schiffbare Strecke des Lot umfasst 64 km zwischen Cajarc und Luzech, die zwischen 1. April und 15. November befahrbar sind. Die Hausboote werden wochenweise vermietet, außerhalb der Saison auch für Wochenenden.

**Vermieter:**
*Babou Marine,* Port St-Mary (Cahors), Tel. 05 65 30 08 99, Fax 05 65 23 92 59, www.baboulene-jean.fr;
*Lot Navigation Nicols,* Bouziès, Tel. 05 65 24 32 20, Fax 05 65 31 72 25;
*Nautic,* Cévennes de Caix,
Tel./Fax 05 65 22 21 91.

## Kanu/Kajak

Die Dordogne genießt als malerisches Paddelrevier einen sehr guten Ruf. Auch die weniger stark befahrenen Nebenflüsse Célé, Dronne, Isle, Lot und Vézère eignen sich für Kanutouren. Außerhalb der Saison ist man auf das eigene Boot angewiesen, von Mai bis Ende September kann man an diversen Basen Kanus oder Kajaks mieten und wird dann zum Startplatz gefahren bzw. am Ziel wieder abgeholt. Tagesticket inklusive Versicherung pro Person um die 15 €, bei mehrtägigen Abfahrten verringert sich der Preis, Kinder unter 10 zahlen die Hälfte. Man erhält Boot, Paddel, Schwimmwesten und eine verschließbare Tonne für Gepäck und Proviant.

Die Flüsse sind als sehr leicht (Klasse I) bis leicht (Klasse II) eingestuft. Auch Anfänger können sich bedenkenlos auf die Strecke wagen. Sicherheitsregeln: Schwimmtüchtigkeit ist unabdingbar, Kleinkinder gehören daher nicht ins Boot. Jeder Bootsfahrer trägt eine funktionstüchtige Schwimmweste. Durch die Mitte navigieren, v. a. im Sommer und Frühherbst, wenn die Flüsse wenig Wasser führen. Nicht bei drohendem Hochwasser starten und bei Verkehrsbüros und Bootsvermietern aktuelle Infos zum Wasserstand einholen: Ist sichergestellt, dass die Schleusen der Stauwehre (oberhalb von Argentat) geschlossen bleiben? Unterwegs vor unübersichtlichen Passagen aussteigen und unter den Brücken die Strömung begutachten. Steuern Sie rechtzeitig vor dem Anlandeplatz an die entsprechende Uferseite (am besten die Brücken mitzählen). Ausrüstung: Wasser, Proviant, Tennisschuhe, Badezeug, T-Shirt, Kopfbedeckung, Sonnenschutz.

Der Französische Kanuverband hat einen Führer (Guide canoë-kayak de la Descente de la Dordogne) herausgegeben, der im Buchhandel und in zahlreichen Tourismusbüros erhältlich ist. Internetportal: www.canoe-france.com. Infos zu Etappen, Verleih sowie Pauschalarrangements:

**Comité départemental de canoë-kayak,** Place Chico-Mendès, Cahors, Tel. 05 65 35 91 59, www.canoe-france.com/dordogne-lot/index.htm.

Zwei Verleihfirmen bieten in der Region mit Mehrtagesabfahrten ab Argentat ein besonders breit gefächertes Angebot:

**Quercyland Copeyre**
Tel. 05 65 37 33 51
Fax 05 65 37 31 71
www.copeyre.com

**Safaraïd**
Tel. 05 65 37 44 87
Fax 05 65 32 69 67
www.canoe-kayak-dordogne.com

## Klettern

Kletterfelsen gibt es nicht nur an den Steilabfällen der Causses, sondern auch im Innern der Kalksteinmassive, weshalb sich neben dem klassischen Klettern *(escalade)* das Höhlendurchsteigen *(spéléologie)* zu einem dem Canyoning

## Abenteuerparks

Immer häufiger werden auf Waldparzellen in Höhe der Baumkronen Plattformen, Netze, Schaukeln und Seilbrücken montiert, damit Abenteuerlustige sich tarzanähnlich durch die Lüfte bewegen können. Die Parcours sind oft nach Schwierigkeitsgrad gestaffelt, Kinder je nachdem nur in Begleitung Erwachsener zugelassen – manche Parcours setzen eine Mindestkörpergröße (z. B. 1,20 m) an, andere stellen spezielle Klettergeräte für kleinere Kinder bereit. Die Sicherheitsanweisungen beachten, gutes Schuhwerk und eventuell Handschuhe mitbringen. Bei Regenwetter werden die Gelände in der Regel geschlossen. Es gibt solche Parks bei Carsac (Indian Forest/Manoir de Feuillade), Sarlat (La Forêt des Ecureuils), St-Vincent de Cosse (Airparc Périgord), St-Léon-sur-Vézère (Parc aux Dinosaures), Cahors-Pradines (Cap Nature) und im Célé-Tal (Les Amis du Célé).

verwandten Erlebnissport entwickelt hat. Infos über Anforderungen und Kurse in den Fremdenverkehrsämtern. **Internetportale** der nationalen Verbände: www.ffme.fr, www.ffspeleo.fr

### Pferdewagen

Die Schönheiten der Dordogne erschließen sich nur bei geringem Tempo. Ein besonders beschauliches Fortbewegungsmittel ist der Pferdewagen *(roulotte),* den man nach einer gründlichen Einweisung ohne besondere Vorkenntnisse mieten kann. Nach jeder Etappe findet man Futter und Standplatz für das Pferd und den Wagen, der Betten und eine Kochnische enthält. Auskunft und Reservierung in den Fremdenverkehrsämtern.

### Radfahren

Es gibt in der Dordogne viele Asphaltsträßchen, die abseits der großen Verkehrswege beschauliche Strecken garantieren. Zwischen Plateaus und Tälern muss man allerdings mit kräftigen Steigungen rechnen. Zur Planung der Radtour genügen die Michelin-Karten. Die Route sollte man möglichst aus weißen Departementstraßen zusammenstellen. Unterwegs ist trotzdem Vorsicht angesagt: Einheimische Autofahrer benutzen die verkehrsarmen Landstraßen gerne als Abkürzung, ohne ihre Geschwindigkeit an den ›Schleichweg‹ anzupassen. Ausgearbeitete Rundstrecken erhält man über den französischen Radfahrerverband FFCT:

**Fédération francaise de cyclotourisme**
12, rue Louis Bertrand
94200 Ivry-sur-Seine
Tel. 01 44 16 88 88
Fax 01 44 16 88 99
www.ffct.org

Leihräder bekommt man auf fast allen Campingplätzen. Außerdem gibt es ein dichtes Netz von Radläden, die nicht nur die handelsüblichen Ersatzteile führen, sondern auch vor Ort Räder verleihen. Man hat die Auswahl zwischen einfachem Fahrrad *(vélo traditionnel),* Tourenrad *(vélo randonneur)* oder Mountainbike *(vélo tout terrain = V.T.T.).*

Wer sein Fahrrad per Bahn an die Dordogne versenden will, muss 5–6 Tage rechnen und sollte eine Versicherung abschließen. Trotz Schutzhüllen kommt es gelegentlich zu Beschädigungen. In Frankreich muss man das Rad nicht am Gepäckschalter abgeben, sondern kann es bei bestimmten Nahverkehrszügen (am Fahrradsymbol kenntlich) selbst vom Bahnsteig weg verladen.

## Reiten

Ein Netz von Reitwegen überzieht die Departements Lot (700 km) und Dordogne (900 km). In den Karten, beim jeweiligen Comité du Tourisme erhältlich, sind auch *rando-étapes* verzeichnet. Es handelt sich um Etappenhütten, Chambres d'hôtes oder Hotels, die Reiter und Pferd gut unterbringen und verköstigen können. Im Internet findet man unter www.a-cheval-en-france.com, nach Departements geordnet, Informationen über Reiterferien *(séjours équestres)*. Info:

**Association de Tourisme Equestre du Lot**
BP 103, 46002 Cahors
Tel. 05 65 35 80 82
Fax 05 65 23 92 76
www.cheval-lot.com

## Wandern

Mehrere, rot-weiß markierte Weitwanderwege *(Grande Randonnée* = GR) durchziehen die Dordogne-Region in Ost-West- und Nord-Süd-Richtung: GR 6, GR 36, GR 46, GR 64 und GR 651. Daneben gibt es gelb-weiß markierte Kurz- oder Rundwanderungen *(Petites Randonnées, Circuits)*, deren Wegbeschreibungen man in den örtlichen Verkehrsbüros oder über das Comité Départemental du Tourisme erhält. Die Fernwanderwege sind auf den ign-Karten (Maßstab 1:25 000) verzeichnet und in den Topo-Guides des Französischen Wanderverbands (Fédération Française de la Randonnée Pédestre) beschrieben. Info:

**Centre d'Information de la Randonnée Pédestre**
14, rue Riquet, 75019 Paris
Tel. 01 44 89 93 93
Fax 01 40 35 85 67
www.ffrp.asso.fr

**Mit dem Kanu auf der Dordogne**

## Allgemeines

| | |
|---|---|
| guten Tag/ Morgen | bonjour |
| guten Abend | bonsoir |
| gute Nacht | bonne nuit |
| bitte | s'il vous plaît |
| vielen Dank | merci beaucoup |
| Entschuldigung | excusez-moi |
| Verzeihung | pardon |
| keine Ursache | de rien |
| Wie geht's? | Ça va? |
| Es geht gut. | Ça va bien. |
| Wie bitte? | Comment? |
| Auf Wiedersehen | Au revoir! |

## Zeit

| | |
|---|---|
| heute | aujourd'hui |
| morgen | demain |
| Morgen | matin |
| Mittag | midi |
| Nachmittag | après-midi |
| Abend | soir |
| Nacht | nuit |
| Woche | semaine |
| Montag | lundi |
| Dienstag | mardi |
| Mittwoch | mercredi |
| Donnerstag | jeudi |
| Freitag | vendredi |
| Samstag | samedi |
| Sonntag | dimanche |

## Unterwegs

| | |
|---|---|
| Straße | rue/route |
| Platz | place |
| Richtung | direction |
| Ampel | feu |
| rechts | à droite |
| links | à gauche |
| geradeaus | tout droit |
| daneben | à côté |
| nah/weit | près/loin |
| (Bus-)Bahnhof | gare (routière) |
| Hin-/Rückfahrt | aller/retour |
| Zug | train |
| Bus | car |
| Fahrrad | vélo |
| Auto | voiture |
| Haltestelle | arrêt |
| Tankstelle | station d'essence |
| Benzin | essence |
| Diesel | gazole |
| bleifrei | sans plomb |
| Maut(gebühr) | péage |
| Polizei | police |
| Führerschein | permis de conduire |
| Unfall | accident |
| Werkstatt | garage |
| Geschäft | magasin |
| Postamt | bureau de poste |
| Briefmarke | timbre |
| Telefonkarte | télécarte |

## Unterkunft

| | |
|---|---|
| Zimmer | chambre |
| Schlüssel | clé |
| Doppelbett | grand lit |
| getrennte Betten | lits séparés |
| Zusatzbett | lit supplémentaire |
| Badezimmer | salle de bain |
| Aufzug | ascenseur |
| Gepäck | bagages |
| Pool | piscine |
| Strand | plage |

## Geld

| | |
|---|---|
| Geld | argent |
| Schein | billet |
| Münze | monnaie |
| Bargeld | espèces |
| Kreditkarte | carte de crédit |
| ec/Maestro-Karte | carte bancaire |
| bezahlen | payer |

## Gesundheit

| | |
|---|---|
| Apotheke | pharmacie |
| Arzt | médecin |
| Zahnarzt | dentiste |

| | |
|---|---|
| Kinderarzt | pédiatre |
| Krankenhaus | hôpital |
| Fieber | fièvre |
| Schwindel | vertige |
| Durchfall | diarrhée |
| Magenschmerzen | mal à l'estomac |
| Kopfweh | mal à la tête |
| Zahnweh | mal aux dents |
| Wespenstich | piqure de guêpe |
| Pflaster | sparadraps |
| Tabletten | comprimés |

## Zahlen

| | |
|---|---|
| 1 | un/une |
| 2 | deux |
| 3 | trois |
| 4 | quatre |
| 5 | cinq |
| 6 | six |
| 7 | sept |
| 8 | huit |
| 9 | neuf |
| 10 | dix |
| 11 | onze |
| 12 | douze |
| 13 | treize |
| 14 | quatorze |
| 15 | quinze |
| 16 | seize |
| 17 | dix-sept |
| 18 | dix-huit |
| 19 | dix-neuf |
| 20 | vingt |
| 21 | vingt-et-un |
| 30 | trente |
| 40 | quarante |
| 50 | cinquante |
| 60 | soixante |
| 70 | soixante-dix |
| 80 | quatre-vingt |
| 90 | quatre-vingt-dix |
| 100 | cent |
| 200 | deux cents |
| 1000 | mille |

## Wichtige Sätze

**Ich verstehe nicht. Sprechen Sie Deutsch/Englisch?** Je ne comprends pas. Parlez-vous allemand/anglais?
**Danke, das ist sehr freundlich.** Merci, c'est très gentil.
**Wo bitte ist …? Ist es weit?** Où est …, s'il vous plaît? C'est loin?
**Was kostet das bitte?** C'est combien, s'il vous plaît?
**Ich möchte gerne … kaufen.** Je voudrais acheter ...
**Haben Sie noch ein Zimmer frei?** Il vous reste encore une chambre de libre?
**Ich möchte gern einen Tisch für zwei Personen reservieren.** J'aimerais bien réserver une table pour deux personnes …
**Was kostet ein Doppelzimmer mit Dusche und Toilette?** C'est combien une chambre pour deux personnes avec douche et WC?
**Wann schließen Sie? Haben Sie täglich geöffnet?** Vous fermez à quelle heure? C'est ouvert tous les jours?
**Was haben Sie an Vorspeise/Nachtisch?** Qu'est-ce qu'il y a comme entrée/dessert?
**Die Rechnung bitte.** L'addition, s'il vous plaît.
**Können Sie bitte die Polizei/einen Arzt für mich anrufen?** Pourriez-vous m'appeler la police/un médecin?

## Auskunft

### Maison de la France
www.franceguide.com

**... in Deutschland**
Zeppelinallee 37
60325 Frankfurt/Main
Tel. 0900-157 00 25 (0,49 €/Min.)
Fax 0900-159 90 61
info.de@franceguide.com

**... in Österreich**
Lugeck 1–2/Stg.1/Top 7
1040 Wien
Tel. 0900-25 00 15 (0,68 €/Min.)
Fax 01-503 28 72
info.at@franceguide.com

**... in der Schweiz**
Rennweg 42
Postfach 72 26
8023 Zürich
Tel. 0900 90 06 99 (1,20 SFr/30 Sek.)
Fax 044 217 46 17
info.ch@franceguide.com

**... in Frankreich**
**Comité départemental du Tourisme du Lot**
107, quai Cavaignac, B.P. 7
46001 Cahors Cedex
Tel. 05 65 35 07 09
Fax 05 65 23 92 76
www.tourisme-lot.com

**Comité départemental du Tourisme de la Dordogne**
25, rue Wilson, B.P. 2063
24002 Périgueux Cedex
Tel. 05 53 35 50 24
Fax 05 53 09 51 41
www.dordogne-perigord-tourisme.fr
www.perigord.tm.fr/tourisme/cdt

## Ein- und Ausreise

EU-Bürger benötigen einen gültigen Personalausweis, Schweizer einen Reisepass. Kinder unter 16 Jahren müssen entweder im Pass eines Elternteils eingetragen sein oder einen Kinderausweis mitführen. Waren zum persönlichen Gebrauch können EU-Bürger zollfrei einführen; bis zu 800 Zigaretten, 90 l Wein und 10 l Schnaps sind daher zollfrei. Für Schweizer gelten jedoch engere Beschränkungen (200 Zigaretten und 1 l Spirituosen über 22 % Alkohol.

## Anreise

### Mit dem Flugzeug
Von Genf, Zürich, Wien und etwa 20 deutschen Großstädten gibt es Direktflüge nach Bordeaux und Toulouse-Blagnac, wo Leihwagen bereitstehen (87 km bis Bergerac bzw. 114 km bis Cahors). Ab Paris starten zudem täglich Maschinen nach Périgueux-Bassillac und Bergerac-Roumanière. 2007 wird der neue Flughafen Brive-Souillac eröffnet, so dass die mittlere Dordogne in die Reichweite europäischer Hauptstädte rückt. Auskünfte in Reisebüros und bei Air France (www.airfrance.de).

### Mit der Bahn
Mit Ausnahme der TGV-Direktverbindung Lille–Bordeaux (5 Std.) führen Bahnreisen über Paris, wo man von der Gare du Nord oder Gare de l'Est mit der Métro oder dem Taxi zu den südlichen Regionalbahnhöfen fahren muss. In der Gare d'Austerlitz bzw. Gare Montparnasse (TGV) starten die Züge in den Süden. So erreicht man auf der Linie Paris–Toulouse in annähernd 5 Std. Brive

(Bus-Anschluss Sarlat), Souillac (Bus-Anschluss Sarlat), Gourdon, Cahors, Gramat (via Capdenac) oder Figeac (via Capdenac). Der TGV Atlantique rauscht in knapp 3 Std. nach Bordeaux und hält vorher in Angoulême, wo Busse nach Brantôme und Périgueux bereitstehen.
**Reiseauskunft im Internet:**
www.bahn.de, www.sncf.fr,
www.adfc.de
**Radfahrerhotline der DB:**
Tel. 01803-194 194.

### Mit dem Auto

Die meisten Touristen fahren mit dem eigenen Wagen, den sie ja auch zum Erkunden vor Ort benötigen. Die **Autobahnen** sind gebührenpflichtig *(péage)* und meist erfreulich wenig befahren. Je nach Standquartier und Urlaubsplanung kommen zwei Routen in Frage: Die Ostroute führt zunächst nach Lyon, das man über Metz–Dijon (A 31) bzw. Mulhouse–Beaune (A 36) auf der Autoroute du Soleil (A 6) oder über die Schweiz auf der Genfer Strecke (A 40/ A 41) erreicht. Von Lyon fährt man im Bogen über Saint-Etienne (A 47/A 72) nach Clermont-Ferrand, wo parallel zur Schnellstraße N 89 die neue Autobahn A 89 durch die Auvergne Richtung Bordeaux führt. In Tulle oder Brive zweigt man dann ins Dordogne-Tal ab, wenn man nicht bis Périgueux oder Mussidan auf der Autobahn bleibt.

Die Westroute führt über Paris–Orléans (A 10), Orléans–Vierzon (A 71), Vierzon –Limoges–Souillac–Cahors (A 20) auf Autobahnen direkt ins Herz der Dordogne. Info: www.autoroutes.fr.

**Autoreisezüge** verkehren zwischen Liège (Lüttich) und Brive. Info unter:
www.dbautozug.de,
www.raileurope.de.

## Behinderte

Trotz Verbesserungen lassen die Reisebedingungen für Behinderte immer noch zu wünschen übrig. Holprige Wege und historische Bauten bestimmen das dörfliche Bild – für Menschen mit Behinderungen nur schwer zu bewältigen. Behinderten kommen am ehesten neue oder aufwendig renovierte Hotels und Restaurants entgegen, aber auch viele Museen. Die Behörde für Denkmalschutz ist dabei, die Wege in und zu den Sehenswürdigkeiten behindertengerecht zu gestalten. Vorbildlich ist die Höhle Les Combarelles mit ihrer eigens für Rollstuhlfahrer angelegten 400-m-Runde und Spezialführungen für Blinde und Schwerhörige.

## Geld

Landeswährung ist der Euro (€).
1 € = 1,45 CHF; 1 CHF = 0,68 €.
Mit Kreditkarten oder der EC/Maestro-Karte kann man an Bankautomaten *(guichet automatique)* Geld abheben. Mit Kreditkarten (gängig v. a. Visa) kann auf Autobahnen, an Tankstellen, in Hotels, Restaurants und Supermärkten gezahlt werden. Bei einfachen Restaurants und Ferienhäusern (Kaution) wird jedoch Barzahlung erwartet.

## Notfall

**Polizei:** 17
**Feuerwehr:** 18
**Rettungsdienst:** 15
**ADAC-Pannenhilfe:** Tel. 04 72 17 12 22 (Auslandsschutzbrief erforderlich)

**Diplomatische Vertretungen**
**Deutsche Botschaft**
13–15, av. Franklin D. Roosevelt
75008 Paris
Tel. 01 42 99 78 00, Fax 01 43 59 74 18
www.amb-allemagne.fr

**Österreichische Botschaft**
6, rue Fabert, 75007 Paris
Tel. 01 45 55 95 66, Fax 01 45 55 63 65
www.amb-autriche.fr

**Schweizer Botschaft**
142, rue de Grenelle, 75007 Paris
Tel. 01 49 55 67 00, Fax 01 45 55 67 67
www.amb-suisse.fr.

## Im Krankheitsfall

In der EU gesetzlich Versicherte haben Anspruch auf ärztliche Hilfe, deren Kosten die Krankenkasse übernimmt, wenn sie eine Europäische Krankenversicherungskarte (EHIC) vorlegen. Müssen die Behandlungskosten vor Ort bar bezahlt werden, erstattet die Krankenkasse gegen Vorlage der Arztrechnung die Kosten in Höhe der landesüblichen Honorare. Eine Auslandskrankenversicherung übernimmt die Kosten für einen eventuell notwendigen Rücktransport. Reisende aus der Schweiz sollten vor Antritt der Reise besser eine Reisekrankenversicherung abschließen.

## Telefonieren

**Telefonnummern:** Die ehemaligen Ortsvorwahlen (05 53, 05 55, 05 65) sind Teil der zehnstelligen Teilnehmernummer, die immer komplett gewählt werden muss. Bei Anrufen aus dem Ausland entfällt allerdings die führende Null.
**Auslandsvorwahlen:** F 00 33, D 00 49, A 00 43, CH 00 41.
**Telefonauskunft:** Tel. 12
**Telefonkarten:** Die *télécartes* gibt es zu 50 und 120 Einheiten. Man erhält sie bei der Post oder in Tabakläden, die auch Briefmarken verkaufen.
**Mobil telefonieren:** Mit dem eigenen Handy muss man immer die Landesvorwahl mitwählen. Wer die teuren Roaming-Gebühren sparen will, telefoniert mit einer französischen Prepaid-Karte. Dafür benötigt man aber die Kaufquittung des Handys, die auf den eigenen Namen ausgestellt sein muss. Auf jeden Fall sollte man die Mailbox-Funktion ausstellen.

## Öffnungszeiten

**Geschäfte:** Mo–Sa 9–12, 14–19 Uhr, in Städten auch durchgehend, aber Mo Vormittag meist geschl. Lebensmittelläden, besonders Bäckereien, haben auch am So Vormittag geöffnet.
**Supermärkte:** Mo–Sa 9–20/22 Uhr.
**Fremdenverkehrsämter:** Mo–Fr 9/10–12, 14–17/18, Sa 10–12 Uhr. In der Saison oft durchgängig und bis 19 Uhr, in der Nebensaison manchmal nur nachmittags geöffnet.
**Banken:** Mo–Fr 9–12, 14–16 Uhr.
**Postämter:** Mo–Fr 8–12, 14–18.30 Uhr, Sa 9–12 Uhr.
**Museen:** Fast alle Museen haben einen Tag pro Woche geschlossen, oft am Mo oder Di.
**Restaurants:** Geöffnet ab 12.30 und 19 Uhr, letzte Bestellung bis 14.30 bzw. 22 Uhr. So Abend und Mo meist geschl.

# Unterwegs im Dordogne-Tal

## Mit der Bahn

Nahverkehrszüge (TER) der Linien Brive–Toulouse, Brive–Rodez, Sarlat–Bergerac–Bordeaux, Agen–Les Eyzies–Périgueux, Bordeaux–Périgueux–Brive verbinden zahlreiche Ortschaften der Region. Die Fahrpläne hängen in den Bahnhöfen aus und sind dort in Form von kleinen Faltblättern *(fiches horaires)* erhältlich. Wenige Züge verkehren die ganze Woche über. Am Mo, Fr, Sa, So und an Feiertagen fallen Züge aus oder verkehren nur ausnahmsweise. Auch über das Jahr hinweg reflektieren die Fahrpläne sehr flexibel den Bedarf. Ein genaues Studium erspart unangenehme Überraschungen. Das Comité Départemental du Tourisme (S. 34) schickt Ihnen auf Wunsch einen Fahrplanauszug (Guide Régional des Transports) zu. Nähere Auskünfte erhalten Sie auch über Telefon oder Internet:
Tel. 08 36 35 35 35 (französisch),
Tel. 08 36 35 35 36 (deutsch),
www.voyages-sncf.com,
www.ter.sncf.com.

100 km Zugfahrt kosten ca. 15 €. Viele Züge – auf den Fahrplänen mit einem Fahrradsymbol gekennzeichnet – bieten die kostenfreie Mitnahme von Fahrrädern.

## Mit dem Bus

Busse stehen in größeren Orten am Busbahnhof *(gare routière)*, sonst oft am Bahnhof oder dem zentralen Platz zur Abfahrt bereit. Vorsicht: Von den Hauptlinien abgesehen, verkehren die Busse nur morgens und abends, am Wochenende gar nicht. Fahrpläne *(horaires)* erhält man bei:

**Conseil général du Lot**
Place Chapou, B.P. 291
46005 Cahors Cedex
Tel. 05 65 23 14 00
Fax 05 65 30 19 82

**CFTA Périgord**
Place Francheville (Gare routière)
4000 Périgueux
Tel. 05 53 08 43 13
Fax 05 53 08 11 38

## Mit dem Auto

Weder Bus- noch Bahnnetz erlauben eine bequeme Urlaubsgestaltung. Mit dem Auto jedoch erreicht man noch die entlegensten Winkel. Wegen der vielen Ortschaften und kurvenreichen Strecken kommt man in den Tälern nicht schnell voran, während auf den entvölkerten Causses geradlinige Verbindungen flotteres Fahren gestatten.

**Verkehrsregeln:** Die Höchstgeschwindigkeit beträgt auf Autobahnen (A) 130 km/h, auf National- (N) und Departementstraßen (D) 90 km/h, in Ortschaften 50 km/h. Achtung: Geschwindigkeitsüberschreitungen werden mit hohen Bußgeldern geahndet. Es besteht Anschnallpflicht. Die Promillegrenze beträgt 0,5. Im Kreisverkehr hat man Vorfahrt.

**Tanken:** Benzin *(essence)* wird als bleifreies *(sans plomb)* Normalbenzin *(92 octan)*, bleifreies Super *(95 octan)* und als Superplus *(98 octan)* angeboten. Daneben gibt es Diesel *(gazole)*.

**Mietwagen:** Sie stehen an Flughäfen und in größeren Orten bereit. Am besten informiert man sich über die Internetseiten der verschiedenen Anbieter und reserviert schon zuhause:
www.avis.com, www.europcar.de,
www.hertz.de, www.sixt.de,
www.tui.de.

# Orte vo

Von Burgzinnen auf großartige Fluss-Schleifen blicken, mit dem Kanu zu idyllischen Badestellen paddeln, am Steilufer einen Treidelweg entlangspazieren, in Felsgrotten prähistorische Malereien bewundern, unter romanischen Gewölben klassische Musik genießen, in der Altstadt von Sarlat an Marktständen und Delikatessenläden vorbeipilgern, bei den Winzern Bergerac- oder Cahors-Wein ver-

# n A bis Z

kosten … Dieser Führer durch die Dordogne gibt Ihnen nützliche Tipps und ausgesuchte Adressen an die Hand, damit Ihr Urlaub zum Erlebnis wird! Und wer im Herzen des französischen Südwestens Besonderes entdecken möchte, dem seien die fünf Touren ab S. 106 empfohlen. Das Tal der Dordogne in kompakter, überschaubarer Form, für den, der viel sehen und nichts verpassen will.

# Argentat (K3/4)

Inmitten der grünen Hügel des Corrèze liegt der einst bedeutendste Flusshafen des ganzen Dordogne-Tals. Man kann sich das geschäftige Treiben noch gut vorstellen, wenn man auf der Kaiterrasse vor einem der Gasthäuser sitzt, die damals von den Flussschiffern besucht wurden. Der Blick geht hoch zu der wuchtigen Steinbrücke, an deren Pfeilern sich das Wasser staut. Sie verbindet die beiden Stadtteile, die sich an den Ufern zu einer pittoresken Kulisse von Türmen und Balkonen verbinden. Statt der Händler, Matrosen, Treidler sieht man nur noch ein paar Kanufahrer, die sich auf die hier noch relativ wilde Dordogne wagen. Oberhalb von Argentat (3200 Einw.) ist sie in Schluchten eingesperrt, unterhalb aber fließt sie befreit durch Wald und Wiesen.

## Sehenswert

**Steinbrücke:** Die Brücke (1893) überspannt den Hafen und ist das Herz der Stadt. Blick auf den breiten Kai, darüber Holzbalkone, Giebel, spitze Dächer.

**Office de Tourisme:** 19400 Argentat, Place Maia, Tel. 05 55 28 16 05 (Hauptsaison) oder 05 55 28 10 91, www.tourisme-argentat.com.

**Le Sablier du Temps:** 13, rue Joseph Vachat, Tel. 05 55 28 94 90, Fax 05 55 28 94 99, DZ ab 45 €.
Das preisgünstige Hotel bietet modernen Komfort, eine gute Küche und einen Garten mit Kinderspielplatz.

**Fouillade:** Place Gambetta, Tel. 05 55 28 10 17, Mitte Sept. bis Mitte Juni Mo geschl.
Die Gäste tafeln in der alten Stube des historischen Hauses, wenn sie sich nicht lieber draußen auf dem Platz an einen luftigen Tisch setzen. Anregende Karte mit bäuerlichen Gerichten aus dem Corrèze (Menü 35 €, auch Kindermenü).

## Ziele in der Umgebung

**Barrage du Chastang (K3):** Die Dordogne-Schluchten wurden durch den Bau von fünf Staustufen in eine Leiter künstlicher Seen verwandelt. Vorbei am Barrage d'Argentat, dem untersten Stausee mit seinem Schlösschen, erreicht man 10 km oberhalb von Argentat den imponierend hoch aufragenden Barrage du Chastang, 1942–1952 erbaut. An der Uferstraße nach St-Martin-la-Méanne (D 29) weist ein Schild zu einer Anlegestelle von Gabare-Booten, mit denen man über den Chastang-See fahren kann. Der schönste Blick auf den Staudamm bietet sich von einer Aussichtskanzel (Belvédère) an der Bergstraße nach Servières-le-Château (D 29). Man erreicht sie von dort in 5 Min. auf einem Fußweg.

# Beaulieu (J4)

Beaulieu, der ›schöne Ort‹, verdankt seinen Namen der anmutigen Lage, aber auch der eindrucksvollen Architektur. Von der Ringallee führen zahlreiche Sträßchen und Gassen hinein ins mittelalterliche Zentrum, wo ein prächtiger Markt das Auge erfreut und den Mund wässrig macht. Hinter den bunten Marktschirmen entdeckt man hübsche Fachwerkhäuser und die Abteikirche, eine Offenbarung für alle Liebhaber der Romanik. So tummeln sich im Sommer weit mehr als die 1300 Einwohner im Ort.

### Sehenswert

**St-Pierre:** Juwel romanischer Baukunst mit meisterhafter Weltgerichtsdarstellung im Tympanon des Hauptportals (12. Jh.). Der Erlöser sitzt majestätisch auf dem Thron (Mitte), Engel blasen die Fanfare (rechts und links) und zeigen die Marterwerkzeuge (darüber), die Toten kommen aus ihren Gräbern (darunter); allerlei Ungeheuer begleiten das Heilsgeschehen (zwei Streifen).

### Einkaufen

**Wochenmarkt:** Mi und Sa vormittags.

**Office de Tourisme:** 19120 Beaulieu-sur-Dordogne, Place Marbot, Tel. 05 55 91 09 94, Fax 05 55 91 10 97, www.beaulieu-sur-dordogne.fr.

**Le Turenne:** 1, boulevard St-Rodolphe-de-Turenne, Tel. 05 55 91 10 16, Fax 05 55 91 22 42, DZ um 50 €.
Eine Wendeltreppe führt zu den komfortablen Zimmern, und auch der Speisesaal atmet mittelalterliches Flair. Dennoch wirkt das ehemalige Abteigebäude warm und hell.

**Les Charmilles:** 20, boulevard St-Rodolphe-de-Turenne, Tel. 05 55 91 29 29, Di und Mi geschl. Klassische Gerichte, im Sommer auf der Terrasse, Menüs ab 11 € (mittags). Auch geschmackvoll eingerichtete Zimmer zu moderaten Preisen.

### Ziele in der Umgebung

**Curemonte (J4):** Die lang gestreckte Siedlung 20 km westlich von Beaulieu krönt einen Höhenrücken. Mitten im Ort erheben sich hinter einer gemeinsamen Befestigungsmauer zwei Burgen (beide 15. Jh.). Die Kirche, früher Burgkapelle, eine alte Markthalle und ehrwürdige Steinhäuser tragen zum seltsamen Charme dieses stillen Dorfes das Ihre bei.

## Beaumont (D5)

Die Ortschaft, mit ihren 1200 Einwohnern ein anziehender Marktflecken, liegt tief im südlichen Périgord auf einer Anhöhe und zeigt den Grundriss eines liegenden H. Es handelt sich um eine Bastide, die 1272 im Namen des englischen Königs gegründet wurde und den englischen Truppen als Garnison diente. Die Straßen treffen sich an einem zentralen Platz, auf dem die Bauern zum Markt zusammenströmen. Überragt wird der rustikale Trubel von der wuchtigen Silhouette der Kirche,

### Bastiden

Monpazier ist die schönste, aber auch Beaumont, Domme oder Lalinde beeindrucken. Die knapp 40 Bastiden der Dordogne – erhalten sind noch 18 – gehen fast alle auf die zweite Hälfte des 13. Jh. zurück, als die französische Krone mit der englischen um die Region Aquitanien im Südwesten Frankreichs stritt. Im Wettlauf errichteten damals die Kriegsparteien auf strategisch günstigen Kuppen Garnisonsstädte – sogenannte Bastiden. Diese auf dem Reißbrett entworfenen Neugründungen folgen alle einem streng geometrischen Plan. Inmitten des dicht bebauten Straßenkarrees im Schachbrettmuster bleibt nur der Markt- und Festplatz ausgespart.

eher eine Festung als ein Gotteshaus. In der ländlichen Umgebung, dem sogenannten Beaumontais, sind reizende Weiler und Dörfer zu entdecken.

## Sehenswert

**St-Front:** Trotz gotischem Portal erscheint die Wehrkirche (13./14. Jh.) mit Verteidigungstürmen, Pechnasen und Wehrgang als kolossale Festung.
**Marktplatz:** Die Seele der Bastide. Am Luzier-Tor, dem letzten von 16 Toren in der Stadtmauer, erkennt man noch die Fallgitterschlitze.

## Einkaufen

**Markt:** Di und Sa auf dem zentralen Platz.
**Metzgerei Delpech:** Köstliche Wurstwaren am Marktplatz.
**Holzskulpturen:** Jacques Beal, 16, avenue de Rhinav; Galerie du Bois Vert, 11, rue Foussal.

## Feste & Unterhaltung

**Festival des Bastides:** Anfang September in und um Beaumont. Mehrere Tage kulturelle und kulinarische Darbietungen unterschiedlichster Art.

**Office de Tourisme du Pays Beaumontois:** 24440 Beaumont-du-Périgord, place centrale, Tel. 05 53 22 39 12, Fax 05 53 22 05 35, www.pays-des-bastides.com. Im Sommer Führungen.

Weinbauern am Hafen von Bergerac

## Ziele in der Umgebung

**St-Avit-Sénieur:** An der Straße nach Cadouin (D 25) liegt nach 3,5 km rechts ab in einem verfallenen Klosterkomplex (9. Jh.) eine Wehrkirche aus dem 11./12. Jh. Interessant sind die byzantinisch inspirierten Kuppeln und die noch erhaltenen Wandmalereien.
**Montferrand-du-Périgord (E6):** 10 km südöstlich (D 25/D 26) liegt idyllisch im oberen Couze-Tal dieses schöne alte Périgord-Dorf. Eine halb zerstört Burg (12. Jh.), eine Markthalle und mehrere Taubentürme tragen zum malerischen Charakter der Ortschaft bei.

**Lou Peyrol:** In Montferrand-du-Périgord (10 km südöstlich), Tel. 05 53 63 24 45, www.hotel-loupeyrol-dordogne.com, DZ 44 €.
Das charmante Landhotel ist ein günstiger Stützpunkt für Ausflügler, die im hoteleigenen Restaurant sehr gut essen können. Die Zimmer, proper und hell, sind ohne Fernseher, man blickt dafür durchs Fenster auf Wiesen und Dorf. In den gemütlichen Speiseräumen erhält man schmackhafte Menüs zwischen 16 und 66 € (für 2 Personen). Ob selbst gesammelte Steinpilze oder die Erdbeeren vom Bürgermeister, der Küchenchef verwendet nur frische Produkte aus der nächsten Umgebung.

# Bergerac (C5)

Bergerac entwickelte sich im ausgehenden Mittelalter zu einem Flusshafen, in dem Waren umgeschlagen und für den Export fertig gemacht wurden. Die schön sanierte Altstadt liegt oberhalb des schräg ansteigenden Quai Salvette, wo früher die Fässer in die Schiffsbäuche gerollt wurden und inzwischen die Autos parken. In der Fußgängerzone und rund um die Markthallen drängen sich die Passanten, unter ihnen viele Familien und Jugendliche. Bergerac (28 000 Einw.) wirkt unternehmungslustig – und erinnert in seinen Werbeprospekten gerne an die Zeiten, als rührige Kaufleute große Mengen Wein nach Amsterdam verschifften. Die Absatzmärkte reichen heute auch nicht viel weiter, aber mit 11 000 ha Anbaufläche und einem breit gefächerten Qualitätsangebot kann sich der Bergerac-Wein als kleiner Bruder des Bordeaux besser denn je behaupten.

## Sehenswert

**Cloître des Récollets:** 2, place du Docteur Cayla.
Mit seinen ehrwürdigen Gewölben und dem von Holzbalustraden (16. Jh.) umsäumten Innenhof ist das ehemalige Rekollektenkloster heute Sitz der Weinbruderschaft (Maison des Vins, S. 46).

**Place du Docteur Cayla/Place de la Myrpe:** Von Fachwerkhäusern umrahmtes, kastanienbestandenes Karree mit dem Denkmal des langnasigen Cyrano de Bergerac, der in Wirklichkeit von einem nordfranzösischen Landgut gleichen Namens stammt.

**Place Pelissière:** Terrassenförmiges Forum mit Brunnen, Bänken und Imbisslokalen.

**Musée du Vin, de la Batellerie et de la Tonnellerie:** Place de la Myrpe, Di–Fr 10–12 u. 14–17.30 Uhr, Sa 10–12 Uhr, So 14–17 Uhr.
In einem der Fachwerkhäuser, die früher von Flussschiffern und Hafenarbeitern bewohnt wurden, befindet sich heute das Heimatmuseum, dessen

Schwerpunkt auf der Flussschifffahrt und Böttcherei liegt.

**Musée du Tabac:** In der Maison Peyrarède, Ecke Rue de l'Ancien Pont/ Rue des Rois de France, Di–Fr 10–12 u. 14–18 Uhr, Sa 10–12 u. 14.30–18.30 Uhr, So 14.30–18.30 Uhr. Östlich des Hafenkais in einem vornehmen Patrizierhaus (1603) untergebracht, zeigt das Tabakmuseum in vier Sälen eine reich dokumentierte Kulturgeschichte des Rauchens. Eine Eintritts-Kombikarte ermöglicht auch den Besuch des nebenan gelegenen **Musée de la Ville** (gleiche Öffnungszeiten).

## Sport & Freizeit

**Autorail Espérance:** Kommentierte Ausflugsfahrt mit Degustation. Der Triebwagen startet am Bahnhof im Juli/ Aug. außer Sa tgl. um 12 Uhr nach Sarlat, Rückkehr nach Wahl. Reservierung: Tel. 05 53 59 55 39.

**Gabare-Fahrten:** Schiffsablege alter Hafen tgl. 10–18 Uhr, 1 Std. kommentiert.

## Einkaufen

**Markthalle** (Marché couvert): Die besten Metzgereien und Fischgeschäfte.

**Gemüsemarkt:** Mi und Sa vor dem Marché couvert und rund um Notre-Dame im Quartier Sainte-Catherine.

Die **Rue des Fontaines** ist mit ihren Antiquitäten-, Kunsthandwerks- und Schmuckgeschäften wohl die schönste Ladenzeile. Je höher man in der Fußgängerzone steigt und je mehr Hundekot in der Gasse liegt, desto untouristischer, desto authentischer werden die Läden. Wirklich in Bergerac angekommen ist man erst im **Quartier Sainte-Catherine,** das hinter der Place du Marché Couvert über die Grand'Rue erreicht wird. Eine Auswahl empfehlenswerter Läden von unten nach oben:

## Weinkauf

Man verbindet das Einkaufen von Wein mit Ausflügen in die Umgebung von Bergerac. Hierfür besorge man sich die Übersichtskarte der Maison des Vins (S. 46). Eine kleine Adressauswahl für jeden Geschmack:

**Château de Biran:** St-Sauveur (9 km östlich), Tel. 05 53 22 46 29, Mo–Fr 9–12 u. 14–18 Uhr. Hier gibt es den Pécharmant, unter den Bergerac-Rotweinen der samtigste.

**Château de la Jaubertie:** Colombiers (10 km südlich), Tel. 05 53 58 32 11, Mo–Fr 10–18 Uhr. Die Weine von Mister Ryman (rot, rosé, weiß) stehen bei Kennern ganz hoch im Kurs.

**Château de Gurson:** Carsac-de-Gurson (34 km westlich), Tel. 05 53 80 79 79, tgl. 8–13 u. 14–20 Uhr. Sehenswerte Burgruine und ein hervorragender Montravel-Weißwein (trocken, halbtrocken).

**Coup de foudre:** 20, rue des Fontaines. Trendige Damenmode

**L'Art et le Vin:** Place du Marché Couvert. Bergerac- und Bordeaux-Weine, Spirituosen aus Villamblard, auch Geschenkpackungen.

**François:** 141, rue Sainte Catherine. Köstliche Pralinen, Krokantplätzchen, Makkaronen, Tartelettes.

**Blanchard:** 10, rue Sainte Catherine. Käse und Feinkost, auch Grands-crus-classés-Weine.

**Lichtenstein:** 4, rue Sainte-Catherine. Schuhe und Stiefel (Maßanfertigung).

## Ausgehen

**Sherwood Pub:** 14, rue des Fontaines, bis 2 Uhr.

Hinter der schwarzgrünen Fassade mit den gelben Lettern verbirgt sich eine Bierkneipe. Untertags Stühle auf der Gasse für den zischenden Aperitif. 100 Sorten Flaschenbiere, davon 80 % belgisch; 9 Biere vom Fass *(pression)*; bretonische Spezialität: »Duchesse Anne«.

**Le Memphi's:** Place Malbec, bis 1 bzw. 3 Uhr am Wochenende.
Tagsüber eine brave Bar, die abends zum In-Treff der Jugend erwacht. Cocktail-Spezialitäten.

## Feste & Unterhaltung

Im Sommer jeden Mi Abend im **Cloître des Récollets** (S. 44) Jazz.

**Table de Cyrano:** Am Wochenende um den 14. Juli mehrtägiges Schlemmerbüfett auf der Place Pelissière.

**Table de Roxane:** Schlemmerbüfett am Wochenende um den 15. Aug.

**Festival L'Eté musical en Bergerac:** s. S. 20.

**Fête des Vendanges:** Weinlesefest, 30. Sept.–7. Okt.

**Office de Tourisme:** 24000 Bergerac, 97, rue Neuve d'Argenson, Tel. 05 53 57 03 11, Fax 05 53 61 11 04, www.bergerac-tourisme.com.

**Maison des Vins:** Im Cloître des Récollets (S. 44), Di–Sa 10.30–12.30 u. 14–18, im Sommer tgl. 10–19 Uhr.
Informative Selbstdarstellung der Weinbauregion (Lagen, Rebsorten, Güter des Bergerac-Weins). Man erhält eine Übersichtskarte mit 137 Weingütern und kann, nach den neun Appellationen geordnet, Bergerac-Wein zum Herstellerpreis einkaufen. Tgl. stellt ein Winzer seine Produktpalette vor (Degustation).

**Le Family:** 3, rue du Dragon, Tel. 05 53 57 80 90, Fax 05 53 57 08 00, DZ 39–43 €.
Zweisternehotel neben der Markthalle. Wer keine gehobenen Ansprüche hat, schätzt die zentrale Lage und schwingt sich über steile Stiegen aus dem Altstadttrubel in sein nächtliches Refugium.

**Europ Hotel:** 20, rue Petit Sol, Tel. 05 53 57 06 54, Fax 05 53 58 67 60, DZ 39–53 €.
Bahnhofsnah gelegenes Hotel mit Garten und Patio. Funktionale Zimmer, Frühstücksbüfett, Garage.

**Hôtel de France:** 18, place Gambetta, Tel. 05 53 57 11 61, Fax 05 53 61 25 70, www.hoteldefrance-bergerac.com, DZ 56–63 €, Internetanschluss.
Die vorderen Zimmer, klimatisiert und mit Lärmschutzfenstern (kleiner Aufpreis), gehen auf den von Platanen umstellten Platz, die hinteren auf den hübsch eingewachsenen Pool hinaus. Stilvolle Wandleuchten und Kommoden gehören ebenso zur besonderen Note des Hotels wie der frisch gepresste Orangensaft und der Charme des jungen Hotelierpärchens.

**La Blanche Hermine:** Place du Marché Couvert, Tel. 05 53 57 63 42, So/Mo geschl.
Die Crêperie liegt vor der Markthalle in Bergerac, aber man fühlt sich tief in der Bretagne, wenn man das Lokal mit seinen dunkelgrünen Bistrostühlen betritt und die Cidre-Krüge auf den Tischen sieht. Leckere Buchweizengalettes (3–8,10 €) und Crêpes (2–6 €).

**Tartes et Tartines:** 9, rue Jules Ferry, Tel. 05 53 73 30 63.
Im Sainte-Catherine-Viertel liegt still dieses Ein-Zimmer-Lokal, eine orangegrüne Oase aus Gartenmöbeln und Topfpflanzen. Alle verwendeten Produkte sind 100 % biologisch, die Gerichte 90 % vegetarisch (denn die Che-

fin verwendet undogmatisch Speck und kocht einmal die Woche Huhn). Täglich drei Gemüsetartes und drei Desserts, dazu Wein oder Cidre glasweise. Die Tarte wird mit Salat, Rohkost und Céréales für 10,50 € als *assiette complète* serviert. Von den Desserts sind das Himbeer-Schokoladen-Fondant und der aromatisierte Milchreis zu empfehlen.

**La Treille:** 12, quai Salvette, Tel. 05 53 57 60 11, Mi geschl.

Es wachsen wirklich Trauben am Spalier *(treille),* und das direkt am Flusshafen. ›Sympa‹ ist die Atmosphäre, die den Gast schon beim Eintreten umfängt. Ob in der Stube im 1. Stock, auf dem Balkon oder unten auf der Terrasse – er sitzt niemals allein, bekommt zu den schmackhaften Entenspezialitäten (Menu du marché 13 €, weitere Menüs 18–28 €) die gute Stimmung gratis geliefert. Auch spätabends noch eine beliebte Adresse.

**L'Imparfait:** 8, rue des Fontaines, Tel. 05 53 57 47 92.

Ein mächtiger Ziegelkamin und das vielversprechende Vivarium schmücken den aus gelbem Kalkstein errichteten Raum, hoch genug, dass unter der Balkendecke noch eine Empore Platz findet. Das Lokal ist berühmt für seinen Fisch *(poisson du jour),* der nicht nur fangfrisch, sondern äußerst fantasievoll auf den Teller kommt. Es gibt ein Kindermenü (15 €), ein Mittagsmenü (25 €) und innerhalb der Abendmenüs (40 €, 50 €) große Auswahl.

**Bahn:** 10 x tgl. Züge nach Bordeaux, 12 x nach Sarlat (in Le Buisson Anschluss nach Périgueux).

## Ziele in der Umgebung

**Rundfahrt durchs Bergeracois:** Besonders empfehlenswert ist eine etwas größere Tour, die weiter nach **Issigeac** (N 21, D 14) und **Eymet** (D 25) führt und sich die Weinverkostung in Monbazillac für die Rückfahrt (D 933) vorbehält. Issigeac ist ein mittelalterliches Städtchen mit krummen Gassen und kuriosen Fassaden (›Haus mit den Köpfen‹), Eymet eine entzückende Bastide mit arkadengesäumtem Platz und einer zur Hälfte englischen Hausbesitzerschaft. Länge der Rundfahrt 70 km.

**Montcaret:** Auf halbem Weg nach Bordeaux (D 936, 37 km) liegt rechts ab die Ortschaft Montcaret, wo rund um die romanische Kirche (11. Jh.) gallo-römische Thermen ausgegraben wurden. Man kann im Anschluss an das Museum (tgl. 9–12 u. 14–18 Uhr) das Heizungssystem und einige Mosaiken bewundern.

5 km nördlich liegt oberhalb von St-Michel-de-Montaigne das **Château de Montaigne** des gleichnamigen Gelehrten. Zu besichtigen ist der Bibliotheksturm (Juli bis Sept. tgl. 9–12 u. 14–19 Uhr, sonst Mi–So), in dem der Philosoph und Schriftsteller 1572–89 seine berühmten »Essais« verfasste.

### Highlight 1

**Château de Monbazillac:** April bis Sept. 10–12.30 u. 14–19 Uhr, Juli/Aug. durchgehend 10–19.30 Uhr, www.chateau-monbazillac.com.

Im Süden Bergeracs erheben sich die berühmten Weinberge von Monbazillac. Das gleichnamige, 1550 erbaute Schloss liegt direkt unterhalb des Ortes, keine 7 km von der Stadt entfernt. Man erhält am Eingang einen Besucherleitfaden (»Mini-Guide«). Nach dem Besuch des kleinen Weinmuseums im Keller gibt es eine Weinprobe im Empfangspavillon. Wer die Degustation der bernsteingelben Spätlesen fortsetzen

Château de Beynac

will, kann im Dorf direkt bei den Winzern probieren und kaufen.

Highlight 2

# Beynac (F5)

Die Burg zählt zu den bedeutendsten Sehenswürdigkeiten des Dordogne-Tals. Vis-à-vis von Castelnaud (›neue Burg‹, S. 50) gelegen, wächst die Anlage 150 m über der Flussschleife aus der Steilwand heraus. Man erreicht sie über die flachere Rückseite und durchquert auf dem Weg zum Burgtor erst die Gassen des pittoresk vorgelagerten Dorfes mit seinen 500 Einwohnern. Eine Rampe führt vom unteren zum inneren Burghof hinauf. Höhepunkt des Rundgangs ist der Blick von den Burgzinnen.

## Sehenswert

**Caminal del Panieraires:** Der steile Fußweg zur Burg ist gesäumt von Natursteinhäusern (15.–17. Jh.), die reich dekoriert sind.

**Parc Archéologique:** Juli bis Mitte Sept. außer Sa tgl. 10–19 Uhr.
Der Besucher bewegt sich zwischen Steinzeit und gallischer Epoche und fühlt sich in die Welt der ersten Bauern und Metallarbeiter zurückversetzt.

**Château:** Tgl. 10–18 Uhr, im Winter bis Einbruch der Dämmerung.
Der älteste Teil der Burg mit einem doppelten Mauerring ist der Hauptdonjon (13. Jh.). Im schön durchfensterten Wohnpalast (15. Jh.) beeindrucken der Gardensaal, der Ständesaal und die Kapelle mit Abendmahlsfresko.

**Point de Vue:** Vom Aussichtspunkt, der auf der Ostseite des Plateaus über der Höhlenwohnung eines Bildhauers liegt, erblickt man flussaufwärts am schräg gegenüberliegenden Ufer der Dordogne Château Fanlac (im Tal) und Château de Castelnaud (über der Südschleife).

## Sport & Freizeit

**Airparc:** Hafen von Envaux (rechtes Dordogne-Ufer), 2 km nach St-Vincent-de-Cosse links ab, Tel. 05 53 29 18 43.
Auf 3 Parcours mit gestaffelten Schwierigkeitsgraden können sich Kinder und Erwachsene mittels Seilen, Netzen, Plattformen tarzangleich durch die Lüfte bewegen. Sportschuhe mitbringen! Zum Luftpark gehört auch ein Badeplatz mit Wasserspielen und Snackbar.

**Château de Puyguilhem (D1):** 4 km von Boschaud entfernt, Schlossführung Juli/Aug. tgl. 10–19 Uhr, sonst tgl. außer Mo 10–12 u. 14–18 Uhr.
Dieses Lustschloss mit seiner Renaissancefassade (16. Jh.) ähnelt einem Loire-Schloss. Innen bieten sich eine prächtige Wendeltreppe, Kamine, Gobelins und ein schöner Blick von der oberen Galerie.

## Bretenoux-Castelnau (J5)

Das schachbrettartig angelegte Bretenoux, eine typische Bastide, war von einer Befestigungsmauer umgeben, an die heute noch die vier Stadttore erinnern. Man sieht draußen Trauerweiden am Ufer der Cère und kommt schnell ins belebte Zentrum, wo rund um die gepflasterte Place des Consuls einige Arkadenhäuser stehen. Die Touristen erhalten hier Regionalprodukte und Fotos, die aus diversen Perspektiven und zu unterschiedlichen Jahreszeiten Castelnau zeigen. Die imposante Silhouette der Burg, die Hauptsehenswürdigkeit der Gegend, erhebt sich südwärts im Mündungsdreieck von Cère und Dordogne.

### Sehenswert

**Castelnau:** Tgl. außer Di 9.30–12.30 und 14–18.30 Uhr, Juli/Aug. auch Di und durchgehend bis 19 Uhr.
Schon von weitem erkennt man die rötlich leuchtende Festung (11. Jh.), eine der mächtigsten Burgen des Dordogne-Tals. Im Hundertjährigen Krieg zur Zitadelle ausgebaut, bildet sie die Form eines unregelmäßigen Dreiecks mit vorspringenden Rundtürmen. Von der eindrucksvollen Anlage aus hat man einen fantastischen Panoramablick über die Hügellandschaft des Quercy.

**Office de Tourisme:** 46130 Bretenoux, Av. Libération, Tel. 05 65 38 59 53, Fax 05 65 39 72 14, www.ot-bretenoux.com.

**In Port-de-Gagnac: Hostellerie Belle-Rive:** 4,5 km östlich am rechten Ufer der Cère (D 14), Tel. 05 65 38 50 04, Fax 05 65 38 47 72, www.hostellerie bellerive@yahoo.fr, DZ 54–61 €. Schönes Fachwerkhaus direkt am Fluss, wo im Speisesaal oder auf der schattigen Terrasse gedeckt ist. Die Zimmer, frisch renoviert, haben alle ihre individuelle Note. Menüs 28–67,50 €.

**Bahn:** Der Bahnhof von Bretenoux liegt 2 km nördlich in Biars, dort Zugverbindungen nach Souillac, Aurillac, Brive. **Linienbusse** ab Biars nach St-Céré/Cahors, St-Céré/Figeac und Vayrac/St-Denis-près-Martel.

## Cadouin (E5)

Die ehemalige Zisterzienserabtei liegt zwischen der Dordogne und der von Südosten zufließenden Couze in einer Senke im Bessède-Wald. Die Straßen führen sternförmig zu dem einstigen Pilgerort, der heute 2100 Einwohner zählt. Am Dorfplatz vor der mächtigen Kirche findet der Ausflügler alles Nötige für eine reizvolle Erholungspause.

### Sehenswert

**Abteikirche:** www.semitour.com, außer Di 10–12 und 14–18 Uhr, Juli/Aug. tgl. 10–19 Uhr.
Die dreischiffige Halle, 1118–54 erbaut, entspricht in ihrer Schmucklosig-

keit dem Entsagungsideal des Ordensgründers Bernhard von Clairvaux. Gleiches gilt für die strenge Fassade mit ihren schlichten Rundbögen und Blendarkaden.

**Kreuzgang:** Das Schmuckstück der Anlage ist der atriumförmige Kreuzgang, der nach dem Hundertjährigen Krieg (14./15. Jh.) im Stil der Flamboyant-Gotik erbaut wurde. Im Spiel von Licht und Schatten entfalten die Spitzbogengewölbe, ziselierten Fensteröffnungen und fein gearbeiteten Skulpturen eine geradezu mystische Wirkung.

**Musée du Vélocipède:** Im Klosterkomplex, tgl. 10–19 Uhr.
75 Fahrradmodelle aus den Jahren 1817 bis 1940, unter ihnen die Draisine von Victor Hugo, das Veloziped von Jules Verne und ein Rennrad von der ersten Tour de France 1903.

## Einkaufen

**Le Coin des Choses:** Antiquitäten, Schmuck, Geschenkartikel.

**Brisset Créateur:** Avantgardistische Möbel, Lampen, Spiegel – in alter Scheune eindrucksvoll ausgestellt.

### Die Jugendherberge von Cadouin

Die Auberge de jeunesse von Cadouin, eine der schönsten in Frankreich, befindet sich im gelungen restaurierten Abteigebäude mit angrenzendem Park und verbindet mönchischen Charme mit lockerer Atmosphäre. Besonders angenehm die Einzelzellen mit Bad und WC.
Tel. 05 53 73 28 78, Fax 05 53 73 28 79, www.fuaj.org,
17,60 € pro Person und Nacht.

**L'Abbaye:** Tel. 05 53 63 40 93, So abends und Mo geschl., DZ ab 35 €.
Direkt gegenüber der Abtei lädt eine rustikale Gaststube mit Kamin und winziger Terrasse zur Einkehr ein. Von der Foie gras bis zum Nusskuchen klassische Périgord-Küche. Wochentags Mittagsmenü für 11,50 €, weitere Menüs 13–25 €. 5 propere Zimmer.

**Camping**

**La Grande Veyière:** Molières, Tel. 05 53 63 25 84, www.lagrandeveyiere.com, April bis Nov.
Großes Piniengrundstück mit Pool und Spielgeräten, familiäre Atmosphäre.

**Bahn:** Le Buisson ist Umsteigebahnhof der Linien Paris–Agen (6–8 x tgl.) und Bordeaux–Sarlat (14 x tgl.).

## Ziele in der Umgebung

**Molières (E5):** Die im Karree angelegte Siedlung, 5 km von Cadouin entfernt, ist eine typische Bastide. Sie wurde 1284 vom englischen König gegründet und ist die kleinste in der Gegend.

# Cahors (G8)

Als Verwaltungszentrum des Departements Lot wirkt die Provinzkapitale (20 000 Einw.) weit hinaus über die Ufer des Lot, der um die Stadt eine lange Schleife zieht. Am besten überblickt man die von Hügeln umstellten Dächer, Kuppeln und Türme von der Aussichtshöhe des Mont St-Cyr, der im Süden dem Fluss den Weg versperrt. Schon von den Römern besiedelt, erblühte Cahors im 13. Jh. zu Europas erstem Finanzplatz und profitierte nicht wenig davon, dass Papst Johannes XXII. (1245–1334) für seine Vaterstadt viel springen ließ. Die Befestigungsanlagen waren so perfekt, dass Cahors im Hundertjährigen Krieg für die sonst siegreichen Engländer uneinnehmbar blieb. Bald wuchs die Siedlung über die Mauern und füllte schließlich die ganze Halbinsel aus. Die Grenze zwischen der Altstadt und der Neustadt markiert heute der Boulevard Gambetta, mit seinen Platanen, Läden und Cafés ein südländisch anmutender Corso, auf dem sich – trotz Abgasschwaden und Motorenlärm – die einheimische Jugend trifft.

## Sehenswert

**Kathedrale St-Etienne:** Burghafte Kuppelkirche (ab 11. Jh.), die den Kern und Ursprung der Altstadt bildet. Hübsch sind das Nordportal mit seinem Tympanon (12. Jh., Romanik) und der Kreuzgang (16. Jh., Flamboyantgotik) auf der Südseite.

**Pont Valentré:** Die in 70-jähriger Bauzeit (1308–78) errichtete Wehrbrücke auf der Westseite der Befestigungsmauer ist das großmächtige Wahrzeichen der Stadt! Sie ruht auf sechs Spitzbögen, drei mit Pechnasen bewehrte Türme erheben sich 40 m über dem Wasser.

**Hôtel de Roaldès:** Place Henri IV/ Quai Champollion. Wuchtiges Fachwerkhaus mit offenem Dachstuhl, in dem 1580 Heinrich von Navarra (der spätere Henri IV) logiert haben soll.

**Musée Henri Martin:** 792, rue Emile Zola (ehem. Bischofspalais), außer Di 11–18 Uhr, So 14–18 Uhr. Archäologische Sammlung und Gemälde von Veronese, Vlaminck, Dufy und Martin, vom Letztgenannten sind einige seiner schönsten Quercy-Landschaften vertreten.

### Geheime Gärten

An markanten Punkten von Cahors wurden seit 2002 zu diversen Themen mittelalterliche Gärten angelegt: hinter der Kathedrale wächst Altarschmuck, im Hof des Erzdiakons kultiviert man vergessenes Gemüse, im Hof des Hôtel Roaldès blühen aphrodisische Pflanzen. Im Office de Tourisme gibt es einen Wegweiser, der Interessierte auf die Spur (Akanthus-Blätter als Markierung) der inzwischen schon 29 ›geheimen Gärten‹ *(jardins secrets)* führt. Eine mehrfach prämierte, stadtbildprägende Initiative, die noch nicht abgeschlossen ist.

**Musée de la Résistance:** Place du Général de Gaulle (Espace Bessières), tgl. 14–18 Uhr.
Geschichte des Zweiten Weltkriegs und der Widerstandsbewegung am Lot.

**Musée du Vin:** 35, rue de la Chantrerie, Juli/Aug. Di–Sa 9.30–13 und 14.30–19 Uhr.
Weinmuseum im ehemaligen Gärkeller des Domkapitells.

## Sport & Freizeit

**Stadtrundfahrt** mit Bähnchen (Petit Train, 45 Min.) oder Boot (Le Valentré, 1,5 Std.). Abfahrt jeweils vom Bootsanleger an den Terrasses Valentré.

**Kreuzfahrten:** Ganztagesausflüge nach Bouziès oder Luzech. Die Boote der Firmen Safaraid (Tel. 05 65 35 98 88) und Fénelon (Tel. 05 65 30 16 55) starten am Quai du Pont Valentré.

**Quercy-Rail:** Mit dem Triebwagen im Sommer Tagesausflüge ins obere Lot-Tal, auch kombiniert mit Schiffspassagen. Die Ziele (St-Cirq-Lapopie, Châ-

teau de Cénevières, Cajarc) werden an unterschiedlichen Wochentagen angesteuert. Günstige Familientarife, nähere Informationen im Office de Tourisme.
**Cap Nature:** 7 km nordwestlich in Pradines, Tel. 05 65 22 25 12. Abenteuerparcours bis zu 12 m über dem Erdboden.

## Einkaufen

**Märkte:** Mi und Sa auf der Place Chapou, außer Mo tgl. in der Markthalle.
**Chapellerie Quercy:** 117, rue Georges-Clemenceau. Modische und altmodische Hüte.
**Thuriès:** 75, bd. Gambetta. Feine Schokoladen, Pralinen und Kuchen.
**Cahors Fromages:** 160, rue Nationale. Käse, aber auch Wein und Bier.
**La Maison des Vins:** 52, rue Joffre. Cahors-Weine.
**Wein:** An der N 20 Richtung Autobahnauffahrt Nord bieten lokale Handelsketten auch sonntags Cahors-Weine an: Atrium, Les Terroirs Gourmands du Quercy.

## Ausgehen

**Blue Angel:** 30 place Saint-Maurice. Salon de Thé im Art-Deco-Stil, direkt vor den Markthallen, Imbisskarte.
**Le Chantilly:** 67, boulevard Gambetta.
Schicke Bar in historischem Gemäuer, postmodern möbliert.

## Feste & Unterhaltung

**Blues Festival:** www.cahorsbluesfestival.com, s. S. 19.
**Festival de théatre amateur:** Pfingstwochenende. Acht ausgewählte Theatertruppen (Laienschauspieler aus ganz Frankreich) zeigen ihr Können.

**Office de Tourisme:** 46000 Cahors, Place François Mitter-

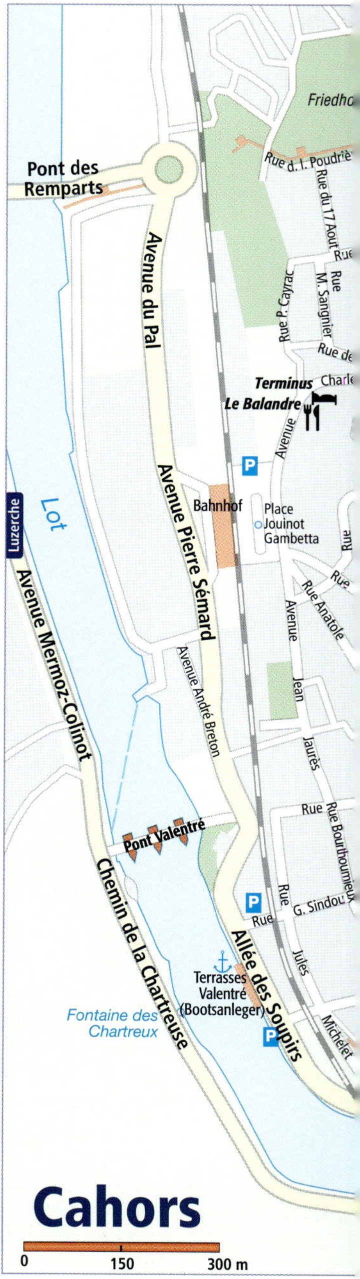

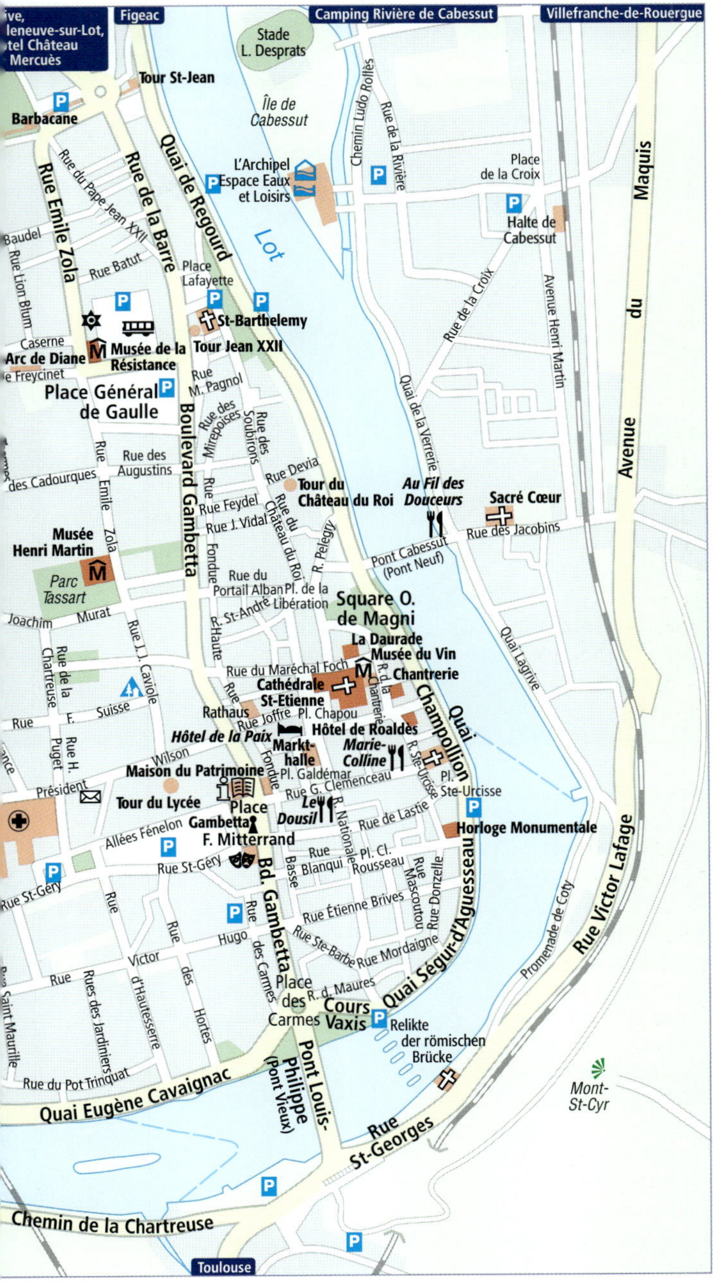
Figeac
Camping Rivière de Cabessut
Villefranche-de-Rouergue
Stade L. Desprats
Tour St-Jean
Barbacane
Île de Cabessut
L'Archipel Espace Eaux et Loisirs
Chemin Ludo Rolles
Rue de la Rivière
Place de la Croix
Halte de Cabessut
Rue Emile Zola
Rue du Pape Jean XXII
Rue de la Barre
Quai de Regourd
Lot
Rue Batut
Place Lafayette
Rue de la Croix
Avenue Henri Martin
Avenue du Maquis
St-Barthelemy
Tour Jean XXII
Arc de Diane
Musée de la Résistance
Caserne
Rue Lion Blum
Baudel
Rue M. Pagnol
Place Général de Gaulle
Boulevard Gambetta
Rue des Mirepoises
Rue des Soubirons
Quai de la Verrerie
Rue des Augustins
des Cadourques
Rue Devia
Tour du Château du Roi
Au Fil des Douceurs
Sacré Cœur
Rue des Jacobins
Rue Feydel
Rue J. Vidal
Rue du Château du Roi
Musée Henri Martin
Parc Tassart
Rue Fondue
R. Pelegry
Pont Cabessut (Pont Neuf)
Rue du Portail Alban
Pl. de la Libération
Square O. de Magni
Joachim Murat
R. St-André
R.-Haute
Quai Lagrive
La Daurade
Musée du Vin
Rue du Maréchal Foch
Chantrerie
R. d. la Chantrerie
Cathédrale St-Etienne
Rue J.J. Caviole
Rue de la Chartreuse
Rue F. Suisse
Rathaus
Rue Joffre
Pl. Chapou
Hôtel de Roaldès
Hôtel de la Paix
Markthalle
Marie-Colline
Quai Champollion
Rue H. Puget
Wilson
Maison du Patrimoine
Pl. Galdémar
Rue G. Clemenceau
R. Ste-Urcisse
Pl. Ste-Urcisse
Président
Tour du Lycée
Place Gambetta
Le Dousil
R. Nationale
Rue de Lastie
Horloge Monumentale
Allées Fénelon
F. Mitterrand
Rue St-Gery
Rue Blanqui
Basse
Pl. Cl. Rousseau
Rue Mascoutou
Rue Donzelle
Bd. Gambetta
Rue Étienne Brives
Promenade de Coty
Rue Victor Lafage
Rue Victor Hugo
Rue Ste-Barbe
Rue Mordaigne
Quai Segur-d'Aguesseau
Rue des Hortes
Rue d'Hautesserre
Rues des Jardiniers
Rue des Carmes
Place des Carmes
R. d. Maures
Cours Vaxis
Relikte der römischen Brücke
Rue Saint Maurille
Rue du Pot Trinquat
Quai Eugène Cavaignac
Pont Louis-Philippe (Pont Vieux)
Mont-St-Cyr
Rue St-Georges
Chemin de la Chartreuse
Toulouse

rand, Tel. 05 65 53 20 65, Fax 05 65 53 20 74, www.mairie-cahors.fr.
**Maison du Vin:** 430, avenue Jean-Jaurès, Tel. 05 65 23 22 24, Fax 05 65 23 22 27, www.vindecahors.fr.
Bei der Berufsgenossenschaft der Cahors-Winzer erhält man eine Karte des Weinanbaugebietes und eine Adressenliste der Weingüter.

**Hôtel de la Paix:** 30, place Saint-Maurice, Tel. 05 65 35 03 40, Fax 05 65 35 40 88, www.hoteldelapaix-cahors.com, DZ 54 €.
Frisch renoviertes Stadthotel direkt an den Markthallen mit freundlichen Zimmern in Hellblau und Weiß über den Gassen der Altstadt, Internetanschluss. Zum Hotel gehört auch das Café Blue Angel.
**Terminus:** 5, avenue Charles de Freycinet, Tel. 05 65 53 32 00, Fax 05 65 53 32 26, DZ 60–95 €.
Bahnhofsnahes Grand-Hotel mit gelungen modernisierten Belle-Epoque-Räumen und dem besten Restaurant der Stadt (Le Balandre, S. 59). Eine noble, fast mondäne Atmosphäre erinnert an die vorletzte Jahrhundertwende.
**Château de Mercuès:** In Mercuès (5 km auf der D 811), Tel. 05 65 20 00 01, Fax 05 65 20 05 72, www.chateaudemercues.com, DZ 180–270 €.
Die einstige Residenz der Fürstbischöfe ist heute ein sündhaft teurer Hotel-

Das historische Zentrum von Cahors

palast hoch über dem Lot-Tal: Burgterrasse mit großartigem Lot-Panorama, individuell gestaltete Zimmer und Suiten, 22 ha großer Park mit Tennisplätzen und Pool. Die feudale Sterneküche bietet Menüs für 85–110 € und gruppiert die Gerichte um Mandeln, Trüffel, Nüsse und Steinpilze. Der Sommelier holt dazu ehrwürdige Jahrgänge aus dem Schlosskeller.

**Camping**
**Camping Rivière de Cabessut:** 1 km Richtung Rodez (D 911), Tel. 05 65 30 06 30, Fax 05 65 23 99 46, geöffnet April bis Okt.
Ruhig und schattig am linken Lot-Ufer, mit Schwimmbad.

**Jugendherberge**
**Auberge de Jeunesse:** 20, rue Frédéric Suisse, Tel. 05 65 35 64 71, Fax 05 65 35 95 92.
Die Jugendherberge befindet sich zentral in einem ehemaligen Kloster.

**Le Dousil:** 124, rue Nationale, Tel. 05 65 53 19 67, So/Mo geschl.
Didiers Weinbar ist eine Institution, ideal zum Kennenlernen der diversen Tropfen, die mit sachkundigem Kommentar glas-, krug- oder flaschenweise kredenzt werden. Dazu empfehlen sich belegte Brote *(tartines)*. Beste Stimmung am Abend.
**Marie-Colline:** 173, rue Georges-Clemenceau, Tel. 05 65 35 59 96, Di–Sa mittags, im August geschl.
Beliebtes vegetarisches Lokal, das ab 12.15 Uhr voll besetzt ist. Freundliches Interieur mit weißen Gartenstühlen vor Backstein und Efeu. Auf einer Schiefertafel stehen die Tagesgerichte (ab 7,50 €), jeweils einfallsreiche Gemüsekombinationen. Da die Wahl bei den durchweg köstlichen Desserts – Tarte, Charlotte, Clafoutis? – schwer fällt, serviert die einfühlsame Crew auf Wunsch auch zwei halbe Probierportionen.
**Au Fil des Douceurs:** 90, Quai de la Verrerie, Tel. 05 65 22 13 04, So und Mo geschl.
Kahn-Restaurant mit reizvollem Lot-Blick – abends vor illuminierter Stadtkulisse, passend dazu Fischspezialitäten. Wochentags Mittagsmenü für 13 €, weitere Menüs 19,50–44 €.
**Le Balandre:** Im Hotel Terminus (s. S. 58), Tel. 05 65 53 32 00, www.balandre.com, So/Mo geschl.
Der feierliche Speisesaal mit Jugend-

stilglasfenster stimmt auf hohe Kochkunst ein. Die Foie gras duftet nach Trüffel, das Quercy-Lamm nach Ingwer, die Desserts verzaubern. Ein Michelin-Stern und große Auswahl an Cahors-Weinen. Menüs 40–85 €, mittags Geschäftsmenü für 31 € und an der Bar »La Grignote« für 16 €.

**… in Lamagdelaine**

**Chez Claude Marco:** 7 km westlich von Cahors, Tel. 05 65 35 30 64, www.restaurantmarco.com, Mo und Di mittags geschl.

Ebenfalls ein Michelin-Stern. Die Marcos (Vater und Sohn) kochen landestypisch und ideenreich, ohne dass unterm Tonnengewölbe ein ›Gourmet-Tempel-Feeling‹ aufkäme. Menüs von 30 € (wochentags) bis 75 €. Vier luxuriöse Komfortzimmer ab 95 € aufwärts.

**Bahn:** Haltebahnhof auf der Linie Paris–Toulouse. 8 x tgl. Regionalzüge (über Gourdon/Souillac) nach Brive.

**Bus:** 8 x tgl. nach Figeac (oberes Lot-Tal), 5 x tgl. nach Puy-l'Evêque (unteres Lot-Tal).

## Carennac (J5)

Carennac liegt auf dem linken Dordogne-Ufer hinter einer lang gestreckten Insel, der Ile de Calypso, verborgen. Über dem schmalen Flussarm erhebt sich, von einer Ringmauer geschützt, das Schloss, in dem einst Fürstenerzieher Fénelon (1651–1715) residierte. Rundum staffeln sich die alten Häuser aus ockergelbem Naturstein und graubraunen Ziegeldächern zu einer der reizvollsten Dorfansichten Frankreichs. Die im 16. Jh. erbauten, kunstvoll gedeckten und mit Türmchen geschmückten *manoirs* standen vor dem Verfall, als vor 30 Jahren vor allem Engländer stilvolle Landhäuser zu kaufen begannen. Heute ist Carennac rundum saniert und mit Blumen herausgeputzt. So ist der Ort mit seinen 375 Einwohnern ein Freilichtmuseum, das bei einem Rundgang durch die malerischen Gassen lebendig wird. Entdecken Sie Ihr Lieblingsmanoir!

### Sehenswert

**St-Pierre:** Die romanische Kirche ist berühmt für ihr Portaltympanon (12. Jh.), das den majestätisch thronenden Christus inmitten seiner zwölf Apostel zeigt. Vorbei an der Kirchenvorhalle erreicht man den Eingang zum gotischen Kreuzgang mit ehemaligem Kapitelsaal (Mo–Sa 10–12, 15–18 Uhr, Juli/Aug. auch So und bis 19 Uhr). Sehenswert ist dieser vor allem wegen der lebensgroßen Grablegungsgruppe (15. Jh.), die ursprünglich im Kirchenschiff stand.

**Tour de Télémaque:** Dreistöckiges Türmchen mit asymmetrisch versetzten Maueröffnungen, in dem Fénelon sein Hauptwerk (»Télémaque«) geschrieben haben soll.

**Espace patrimoine:** Im Schloss, Tel. 05 65 10 91 56, Di–So (Nebensaison Di–Fr) 10–12 und 14–18 Uhr.

Auf drei Etagen bietet dieses Heimatmuseum eine anschauliche Dokumentation über Geologie, Kunstgeschichte, Flora, Fauna und Flussökologie.

### Sport & Freizeit

**Parc Aquatique de la Saule:** Gegenüber von Carennac inmitten von Maisfeldern und Weiden liegt dieses Erlebnisschwimmbad mit 2500 $m^2$ Wasserfläche.

**Fahrräder:** Saga Team – Camping L'Eau Vive.

**Kanu/Kajak:** Ab Carennac ist das Paddeln auch für Laien problemlos möglich. Bootsverleih an der Brücke, rechtes Dordogne-Ufer, Buvette du Pont, Tel. 05 65 10 94 07.

**Wandern:** Auf dem GR 652 von Carennac Talaufstieg (Ausblicke, Dolmen) bis Loubressac (8 km, ca. 2,5 Std.) oder bis Autoire (weitere 3 km, insgesamt über 3 Std.).

**Office de Tourisme:** Im Schloss, Tel. 05 65 10 97 01, www.tourisme-carennac.com.

**Hôtel Fénelon:** Hauptstraße, Tel. 05 65 10 96 46, Fax 05 65 10 94 86, www.hotel-fenelon.com, Fr, Sa mittags und Mo mittags geschl., DZ 49–63 €, Halbpension (in der Hauptsaison verpflichtend) 54–63 € pro Person.
Typisches Landhotel am Ortseingang, die besseren Zimmer mit Blick auf Dordogne-Arm, Pool, im Sommer genüssliches Tafeln auf der Terrasse, sonst im Speisesaal am Kamin.

**Auberge du Vieux Quercy:** Hauptstraße, Tel. 05 65 10 96 59, Fax 05 65 10 94 05, www.vieuxquercy, Mi/Do mittags geschl., DZ 62–130.
Die ehemalige Poststation bietet zweckmäßige Zimmer, die im Erdgeschoss des noch ruhigeren Anbaus auf den Pool hinausgehen. Reichhaltiges Essen im Saal oder auf der Gartenterrasse (Menüs 20–38 €).

### Camping

**L'Eau Vive:** Tel. 05 65 10 97 39, www.dordogne-soleil.com, geöffnet April bis Mitte Sept.
Gemeindezeltplatz, südöstlich der Brücke direkt am Flussufer gelegen, praktisch für Kanufahrer.

Highlight 4

## Collonges-la-Rouge (H4)

Das »Rothenburg der Dordogne« ist ein architektonisches Schmuckkästchen aus rotem Kalksandstein, der am Spätnachmittag unter der tiefer stehenden Sonne besonders fotogen aufleuchtet. Die prächtigen *manoirs*, die sich mit ihren Erkern, Türmchen und Pfefferdächern wechselseitig überbieten, reichen ins 16. Jh. zurück. Zum malerischen Gesamteindruck gehört auch das Laub der Weinranken und Nussbäume, das die purpurnen Fassaden grün umrahmt. Man parkt den Wagen an der D 38 und bummelt zu Fuß durch die ehemalige Adelsresidenz.

### Sehenswert

**Rue de la Barrière:** Die Hauptstraße führt vorbei an der Maison de la Sirène (Lauten spielende Sirene), dem Hôtel de la Ramade de Friac (zwei Rundtürme) und führt hinunter zum Hôtel de Beuges (Wehrturm mit spitzem Dach).

**St-Sauveur:** Auf dem zentralen Platz hinter der Markthalle liegt die romanische Kirche mit einem für das Limousin typischen Glockenturm und Portaltympanon aus der Toulouser Schule (12. Jh.).

**Castel de Vassignac:** Auf der Rückseite der Kirche befindet sich die Residenz des Militärhauptmanns von Collonges, ein repräsentatives Schloss (16. Jh.) mit wehrhaften Elementen.

**Auberge Le Cantou:** Am unteren Ende der Hauptstraße, Tel. 05 55 25 41 05, außer Juli/Aug. So abends, Mo und Di geschl., preiswerte Regionalgerichte.
Die Touristen sitzen gemütlich, wenn

**Prächtige Manoirs aus tiefrotem Kalksandstein prägen Collonges-la-Rouge.**

auch etwas eng, im Erdgeschoss des historischen Hauses.

## Ziele in der Umgebung

**Château de Turenne (H4):** Die eindrucksvolle Burgruine (11. Jh.) erhebt sich 10 km westlich im Tal der Tourmente auf einem erodierten Kegel. Die Burg war der Stammsitz der Vizegrafen von Turenne, die im Grenzland zwischen Limousin, Périgord und Quercy jahrhundertelang mächtige Feudalfürsten waren. Der Fußmarsch auf den Burgberg führt durch das mittelalterliche Städtchen, dessen Kalksteinhäuser mit Türmchen, Pfefferdächern und skulptierten Türen geschmückt sind.

# Domme (F5)

Die »Akropolis des Périgord« liegt hoch auf einem Felsvorsprung, der vom Cingle de Monfort bis Château de Beynac einen weiten Talblick eröffnet. Die Dordogne mäandriert tief unten durch dicht gestaffelte Maisfelder. Von allen Bastiden der Region ist Domme die höchstgelegene und zugleich eigenwilligste. Denn mit der schachbrettförmigen Anlage des Städtchens (1000 Einw.) widerstreiten seine naturwüchsigen Züge: Es gibt verwinkelte Plätze, abschüssige Straßen und ein unterirdisches Höhlensystem.

## Sehenswert

**Place de la Halle:** Zentraler Platz mit Markthalle (17. Jh.) und Haus des Gouverneurs (16. Jh.), an der Ecke die wieder aufgebaute Kirche (17. und 19. Jh.).
**La Barre:** Hinter der Kirche Aussichtsterrasse über der Steilwand. Der Blick schweift über mehrere Flussschleifen bis La Roque-Gageac.
**Tropfsteinhöhlen:** Unter der alten Markthalle beginnt ein 500 m langer Weg durch Galerien und Säle voller illuminierter, in Wasserflächen gespiegelter Tropfsteine (tgl. 10–12/14–18 Uhr, Juli/Aug. 10–19 Uhr). Man verlässt das Erdinnere über einen Panoramalift direkt neben dem Jardin public (Orientierungstafel).
**Promenade des Falaises:** Vom Jardin public führt dieser Spazierweg entlang der Steilwand zurück zur Place de la Halle.

## Sport & Freizeit

**Baden:** Schöne Naturstrände bei Caudon, Vitrac und Cénac.
**Fliegen:** Rundflüge, Helikopter und Sportflugangebote bietet der Aéro-Club (Tel. 05 53 28 32 95) am Flughafen.
**Kanu/Kajak:** Tagestouren ab Carsac, Vitrac oder Cénac. Bootsverleih jeweils unter der Brücke. Bis Beynac sind es je nach Ausgangspunkt 23, 16 oder 12 km, Fahrtdauer: 2–4 Std (siehe auch Tour 2, S. 110).
**Mountainbike:** Evasion Sport Dordogne, Vitrac, Tel. 05 53 29 33 18. Verleih, Routen, Service.

## Einkaufen

**Wochenmarkt:** Jeden Do auf der Place de la Halle.
In der **Grand'Rue** entdeckt man zwischen Feinkostläden auch Geschäfte mit Schmuck und Holzspielzeug.

**Office de Tourisme:** 24250 Domme, Place de la Halle (in der Maison du Gouverneur), Tel. 05 53 31 71 00, Fax 05 53 31 71 09, www.domme-tourisme.com.

**Les Quatre Vents:** Unterhalb der Bastide, Route de Vitrac (D 46), Tel./Fax 05 53 31 57 57, www.hotel-les4vents.com, DZ 42–58 €.
Auf die Gäste warten freundliches Personal, zwei Pools und eine schattige Terrasse. Es empfehlen sich die etwas teureren Panoramazimmer.
**Nouvel Hotel:** 1, Grand'Rue (gegenüber Place de la Halle), Tel. 05 53 28 38 67, Fax 05 53 28 27 13, www.domme-nouvel-hotel.com, DZ 42–62 €.
Das hübsche Natursteinhaus liegt zentral an der Straßenecke. Ein typisches Provinzhotel, mit gutem Komfort und angesichts der Lage unweit der Aussichtsterrasse (La Barre) zu erstaunlich günstigen Preisen. Regionalküche.
**L'Esplanade:** Rue du Pont-Carral, Tel. 05 53 28 31 41, Fax 05 53 28 49 92, www.esplanade-perigord.com, DZ 72–128 €.
Das beste Haus am Platz. Es bietet gutbürgerlich möblierte Komfortzimmer und Apartments, teilweise mit atemberaubendem Talblick. Auf der Panoramaterrasse und im farbenprächtigen Speisesaal werden raffinierte Gerichte aufgetischt. Seit Jahren mit einem Michelin-Stern ausgezeichnet, ist das Hotel eine Bastion des guten Geschmacks.

## Prähistorisches Museum

Das neu konzipierte Museum in Les Eyzies-de-Tayac präsentiert eine einmalige Sammlung vorgeschichtlicher Funde, weltweit eine der größten: Schädel und Skelette, Steinwerkzeuge, Waffen und Schmuck, aus Rentiergeweihen oder -knochen gefertigt. Filme zeigen die steinzeitliche Werkzeugherstellung. Der Parcours, sparsam in Französisch/Englisch kommentiert, beginnt mit einer Chronologie der prähistorischen Kulturen (1. Stock) und führt über Themenschwerpunkte wie Sammeln, Werkzeugherstellung, Jagd, Bestattung, symbolische Darstellung (2. Stock) zur Felsenfestung der Herren von Tayac hinauf. Ein Muss für alle prähistorisch Interessierten.
**Musée national de la Préhistoire:** Im Ortszentrum, Tel. 05 53 06 45 45, www.musee-prehistoire-eyzies.fr, Juli/Aug. tgl. 9.30–18.30 Uhr, Juni/Sept. tgl. außer Di 9.30–18 Uhr, sonst tgl. außer Di 9.30–12.30 und 14–17.30 Uhr.

Es gibt 4 Menüs von 30 € (Mittagsmenü wochentags) bis 90 € (6-Gang-Menü).

**Camping**
**Domaine de Soleil Plage:** Caudon, Tel. 05 53 28 33 33, Fax 05 53 28 30 24, www.soleilplage.fr, Anfang April bis Ende Sept.
Viersternezeltplatz mit Sandstrand direkt an der Dordogne. Auch Chalets, Poollandschaft und Restaurant.

# Les Eyzies-de-Tayac (E4)

Das Mekka der Vorgeschichte (900 Einw.) liegt an der Vézère kurz vor ihrer Mündung in die Dordogne. Über dem idyllischen Tal erhebt sich eine 50 bis 80 m hohe Felswand mit Terrassen, Treppen, Überhängen, Durchgängen und Höhlen, die seit prähistorischer Zeit bewohnt waren. Bis ins 19. Jh. war das darunter liegende Dorf vor allem bekannt für seine Schmiedewerkstätten. Der Fund von Cro-Magnon-Skeletten 1868 löste fieberhafte Forschungsaktivitäten aus und verwandelte den Ort europaweit in ein Ziel für Bildungsreisende. Die sorgsam freigelegten Fundstücke werden im Neubau des Prähistorischen Nationalmuseums (s. Tipp) eindrucksvoll präsentiert.

### Sehenswert

**Grotte Les Combarelles:** Route de Sarlat (D 47), 2 km östlich, Tel. 05 53 06 86 00, Mitte Mai bis Mitte Sept. tgl. 9.30–17.30 Uhr, im Winterhalbjahr kürzere Öffnungszeiten, Vorbestellung unabdingbar, Kartenabholung bei Font-de-Gaume.
Die »Höhle der 100 Pferde« ist 300 m lang und zeigt im hintersten Drittel ein Chaos von Ritzzeichnungen.
**Grotte de Font-de-Gaume:** Route de Sarlat (D 47), 1 km östlich, Tel. 05 53 06 86 00, Öffnungszeiten wie Les Combarelles, Vorbestellung unerlässlich.
Die Höhle besteht aus einer 120 m langen Galerie mit drei Seitengängen, in denen Tierkompositionen im Stil von Lascaux zu entdecken sind. Die Wandmalereien zeigen v. a. Großtiere (etwa 80 Bisons, 40 Pferde, 23 Mammuts). Daneben sieht man Ritzzeichnungen, Handumrisse und dachförmige Zeichen.

**Abri Pataud:** 20, rue du Moyen-Age, tgl. außer Mo 10–12.30 und 14–18 Uhr, im Sommer tgl. 10–19 Uhr.
Im Ausgrabungsgelände erkennt man die freigelegten Siedlungsschichten (33 000–18 000 v. Chr.). Das dazugehörige Museum zeigt die Fundstücke.
**Grotte du Grand Roc:** Route de Périgueux (D 47), 2 km nördlich, im Sommer tgl. 9.30–19 Uhr, sonst 10–18 Uhr.
Märchenhafte Tropfsteinhöhle. Am Ende des 40 m langen Rundgangs stößt man auf die schönste Kristallisation (»Sieg der Samothrake«).
**Gisement de Laugerie-Basse,** Tel. 05 53 06 90 80, Öffnungszeiten wie Grand Roc, kombiniertes Ticket, und **Gisement de Laugerie-Haute** (mit Abri du Poisson), Route de Périgueux (D 47), 2,5 km nördlich, Tel. 05 53 06 86 00, Öffnungszeiten wie Font-de-Gaume.
Siedlungsstätten, die für die Erforschung der Altsteinzeit von eminenter Bedeutung waren. Man erhält Einblick in die Arbeit der Archäologen. Sehenswert ist v. a. der kleine Abri mit seinem 1 m langen Fischrelief.

## Sport & Freizeit

**Kanubasen:** *Base des 3 Drapeaux* (Tel. 05 53 06 91 89), *Canoës-Vallée Vézère* (Tel. 05 53 05 10 11) und *Loisirs Evasion* (Tel. 05 53 06 92 64). Transport im Minibus und Start ab Montignac/Château de Losse, St-Léon, Moustier, La Madelaine oder Tursac.

## Einkaufen

In der Hauptstraße bieten zahlreiche Läden Immobilien, Fossilien, Mineralien, Schmuck und Feinkost an.
**Markt:** Mo vormittags Wochenmarkt, Juli/Aug. jeden Fr *marché nocturne*. Im Übrigen tgl. 9–13 und 14.30–19 Uhr kulinarische Spezialitäten und Kunsthandwerk in der Markthalle.

**Office de Tourisme:** 24620 Les Eyzies-de-Tayac-Sireuil, avenue de la Préhistoire, Tel. 05 53 06 97 05, Fax 05 53 06 90 79, www.leseyzies.com.
Öffnungszeiten sämtlicher Höhlen und Fundstätten, Kanuvermieter, Fahrradverleih. Touristenbähnchen.

**Moulin de la Beune:** Mitten im Ort, Tel. 05 53 06 94 33, Fax 05 53 06 98 06, Di/Mi/Sa mittags geschl., DZ ab 58 €.
Die alte Mühle am grünen Ufer des Beune. Ein mit viel Liebe und Stilgefühl ausgestattetes Hotel für Romantiker, das idyllisch direkt am rauschenden Bach liegt. Im eleganten Restaurant anspruchsvolle Menüs für 29, 40 und 55 €: exzellentes Geflügel, den Meeresfrüchten hat man die Entfernung zur See angemerkt.
**Hôtel de France:** Rue du Musée National, Tel. 05 53 06 97 23, Fax 05 53 06 90 97, DZ 61–68 €.
Dem Museum gegenüber in einer stillen Seitenstraße, im Hauptgebäude Restaurant und einige Zimmer, im Annex auch Garten und Pool. Alle Zimmer sind modern und komfortabel ausgestattet. Preiswerte Menüs ab 10 € in der »Auberge du Musée«.
**Hostellerie du Passeur:** Place de la Mairie, Tel. 05 53 06 97 13, Fax 05 53 06 91 63, www.hostellerie-du-passeur.com, Mo und Di mittags geschl., DZ 64–100 €.
Efeuumranktes Bürgerhaus mit freundlichen Komfortzimmern. Gérard Brun und seine Söhne kultivieren eine moderne Regionalküche. Die leichten Mittagsmenüs (16 und 22 €) auf der Ter-

rasse vor dem Fluss serviert, sind verschlankte Kurzfassungen der Abendmenüs (22–45 €), die man in der schönen Veranda mit größerer Ruhe genießt.

**Le Centenaire:** Hauptstraße,
Tel. 05 53 06 68 68, Fax 05 53 06 92 41, www.hotelducentenaire.fr,
Mo–Mi und Fr mittags geschl.,
DZ 138–230 €.

Eine luxuriöse Übernachtungsadresse, v. a. aber eines der besten und kreativsten Restaurants des Périgord (zwei Sterne). Das konservative Interieur wird, sobald es mit Gästen gefüllt ist, zur Zauberbühne eines perfekt eingespielten Personals. Drei Menüs (68, 108, 138 €) stehen zur Wahl, der Sommelier empfiehlt traumsicher den passenden Wein. Dann der Kunstgenuss: geeiste Foie gras auf Lauchbett mit granitierten Sommertrüffeln, Corrèze-Milchkalb mit Nierchen und Gemüse-Sushi, Erdbeeren mit Tonka-Bohnen und Olivenölsorbet …

**Camping**

**Le Paradis:** 3 km vor St-Léon-sur-Vézère, Tel. 05 53 50 72 64, Fax 05 53 50 75 90, www.le-paradis.com,
April bis Okt.

Der 4-Sterne-Zeltplatz, luxuriös ausgestattet und prächtig eingewachsen, gilt als schönster der Region.

**Bahn:** 6 x tgl. nach Le Buisson/Agen, 3–4 x tgl. nach Périgueux (mehr Verbindungen am Wochenende).

## Ziele in der Umgebung

**Le Bugue (E4):** 10 km südwestlich liegt in der letzten großen Schleife der Vézère das mündungsnahe Städtchen Le Bugue. Besuchermagnet ist das **Freilichtmuseum Le Bournat** (Mai bis Sept. tgl. 10–19 Uhr), ein auf 3 ha idealtypisch rekonstruiertes Périgord-Dorf aus der ›guten alten Zeit‹. Die dort hergestellten Lebensmittel kann man im historischen Bistrot kosten und im Laden kaufen. In Le Bugue ist außerdem zu besichtigen: Das **Aquarium du Périgord noir** (April bis Sept. 10–18, Juli/Aug. 9–19 Uhr), eines der größten Süßwasseraquarien Europas, ein Ensemble von Glasplafonds und Kaskaden rund um einen Garten. Eine weitere Attraktion ist der **Gouffre de Proumeyssac,** eine fantastisch ausgestrahlte Tropfsteinhöhle, nicht umsonst »Kristallkathedrale« genannt (März bis Okt. 9.30–12, 14–17.30 Uhr, Juli/Aug. 9–19 Uhr).

**Grotte des Cent Mammouths (Grotte de Rouffignac; E4):** Von Les Eyzies auf der Straße nach Périgueux (D 47) 11 km, dann rechts ab Richtung Rouffignac und den Schildern nach, insgesamt 18 km. Diese kilometerlange Höhle südlich von Rouffignac besichtigt man auf einem Untergrundbähnchen. Nirgends gibt es so viele und so schöne Mammuts zu sehen, alle mit sicherem Strich in den weichen Kalkstein geritzt. Die Zeichnungen sind über 10 000 Jahre alt. Öffnungszeiten: April bis Okt. tgl. 10–11.30 und 14–17 Uhr, Juli/Aug. tgl. 9–11.30 und 14–18 Uhr.

**Montignac und Beune-Täler** siehe Tour 4 (S. 114).

# Figeac (K7)

An den letzten Ausläufern des Zentralmassivs, wo man tiefste Provinz vermutet, liegt eine alte, weltoffene Handelsstadt (10 500 Einw.). Einst führten die Straßen von hier bis nach Flandern, England und Nordafrika. Heute liegt der geschichtsträchtige Ort fernab der großen Verkehrswege an einem kleinen

Bach namens Célé. Aber die Straßenmusikanten sind von weither angereist, es gibt flotte Cafés und Restaurants, das ägyptologische Museum könnte eine Dependance des Louvre sein. So spürt man noch heute den kosmopolitischen Geist, der Figeac im 13. Jh. aufblühen ließ. Die prächtigen, jüngst restaurierten Bürgerhäuser erzählen aus dieser Zeit.

## Sehenswert

**Hôtel de la Monnaie:** An der Place Vival springt dieses schmucke Haus (13. Jh.) mit seinen Arkaden und Zwillingsfenstern in die Augen. Früher die Münze, beherbergt es heute das Tourismusbüro (s. S. 68).

**St-Sauveur:** Ehemalige Abteikirche (11.–17. Jh.) mit schönem Kapitelsaal (13. Jh., heute Kapelle).

**Place Carnot:** Herz der Stadt mit einladender Markthalle (Sa mit überquellenden Ständen).

**Place des Ecritures:** Von mittelalterlichen Gebäuden umrahmter Innenhof mit einer platzfüllenden Nachbildung des berühmten Steins von Rosetta, den Jean-François Champollion 1799 in Ägypten entdeckt hatte. Anhand dieses Steins gelang es ihm seinerzeit, die altägyptischen Hieroglyphen zu entziffern.

**Musée de l'Histoire et de l'Ecriture:** 4, rue des Frères Champollion (Wiedereröffnung 2007).

**Markt in Figeac**

**Lohnendes Ausflugsziel: das malerisch gelegene Marcilhac-sur-Célé**

Im Geburtshaus des berühmten Ägyptologen entsteht ein modernes Museum, das anhand von Briefen und Fotos Champollions Leben und Wirken dokumentiert und darüberhinaus einen Überblick über die Geschichte der Schriftkulturen vermittelt.

## Sport & Freizeit

**Domaine de Loisirs du Surgié:** Chemin Moulin Surgié, Tel. 05 65 34 59 00, 10–21 Uhr.
Am Célé-Ufer gelegener Erlebnispark mit großem Stausee, Wellenbad und Riesenrutsche. Tretboote und Kanus zu mieten.
**Kanubasis:** Figeac Eaux Vives, Tel. 05 65 50 05 48.
**Mountainbike:** Base VTT, 2, avenue du Général de Gaulle, Tel. 06 81 15 79 03.
Verleih und Tourenbegleitung.

## Einkaufen

**Markt:** jeden Sa Vormittag, Juli/Aug. 3 x auch Do Abend.

## Feste & Unterhaltung

**Festival de théâtre:** Ende Juli bis Anfang August gastieren experimentierfreudige Theatergruppen in der Stadt. Infos: www.treteauxdefrance.com.
**Quercy-Rail:** Vom Nachbarstädtchen Capdenac (Bahnhof) fährt während der Hauptsaison ein Triebwagen durchs Lot-Tal. Die Ziele (Bouziès/St-Cirq-Lapopie, Larroque-Toirac/Cajarc) werden an unterschiedlichen Wochentagen angesteuert. Im Programm sind jeweils auch eine Schifffahrt und ein Mittagsimbiss eingeschlossen (günstige Familientarife). Nähere Informationen im Office de Tourisme von Figeac.

**Office de Tourisme:** Place Vival, Tel. 05 65 34 06 25, Fax 05 65 50 04 58, www.tourisme-figeac.com.
Man erhält dort einen Stadtplan mit ausgearbeitetem Rundgang, auf den sich die an vielen Häusern angebrachten Markierungen (Schlüsselembleme) beziehen. Thematische Stadtführungen, Touristenbähnchen *(petit train)*. Außergewöhnlich sind die Angebote für Kinder *(Guide junior)*.

**Champollion:** 3, place Champollion, Tel. 05 65 34 04 37, Fax 05 65 34 61 69, DZ 49 €.
Das Bar-Hotel mitten in der Stadt ist ein beliebter Treffpunkt für junge Leute. Schwarz gestylte Zimmer mit Blick auf

Altstadt-Fassaden. Schöne Badezimmer.

**Hotel des Bains:** 1, rue de Griffoul, Tel. 05 65 34 10 89, Fax 05 65 14 00 45, www.hoteldesbains.fr, DZ 39–54 €.

In Hotel umgewandelte Badeanstalt am linken Célé-Ufer, Terrasse und die Hälfte der Zimmer mit Flussblick, still und radlerfreundlich.

**Château du Viguier du Roy:** 52, rue Emile Zola, Tel. 05 65 50 05 05, Fax 05 65 50 06 06, www.chateau-viguier-figeac.com, DZ 185–380 €.

Das beste Hotel befindet sich in einem mittelalterlichen Stadtpalast mit Bergfried und Kreuzgang. Die geräumigen Zimmer sind höchst individuell mit wertvollen Parkettböden, Stilmöbeln, Teppichen ausgestattet. Kleine Terrassengärtchen, Poollandschaft und Spa verwöhnen die Gäste, die dafür tief in die Tasche greifen. Im Restaurant feine Menüs von 28 bis 72 €.

**Camping**

**Les Rives du Célé:** 1 km östlich, Tel. 05 65 34 59 00, Fax 05 65 34 83 83, www.domainedesurgie.com, geöffnet April bis Sept.

Am Célé-Ufer und auf dem Gelände des Freizeitparks Surgié.

**La Cuisine du Marché:** 15, rue Clermont, Tel. 05 65 50 18 55, tgl. außer So bis 22 Uhr, Reservierung empfohlen.

Alles kommt tagesfrisch vom Markt und wird vor den Augen der Gäste zubereitet. Serviert werden leichte, kreative Gerichte in einem modern renovierten Weinkeller. Menüs 18 € mittags, am Abend 27–38 €.

**La Puce à l'Oreille:** 5, rue St-Thomas, Tel. 05 65 34 33 08, Juli/Aug. tgl. geöffnet, sonst So abends und Mo geschl.

Raffinierte Küche in historischem Rahmen (15. Jh.) ganz in der Nähe der Markthalle. Mögen Sie Zander mit Vanille und weißen Rüben oder lieber Entenmagret mit Zwiebelmarmelade und feuriger Sauce in Kastanienhonig? Wochentags preiswertes Lunch, sonst Menüs für 17,20–35 €.

**La Table de Marinette:** 51, allée Victor Hugo, Tel. 05 65 50 06 07, www.latabledemarinette.com, Fr und Sa mittags geschl.

Die Küchenchefin, vielfach ausgezeichnet, orientiert sich gekonnt und kreativ an der regionalen Tradition. Sie verwendet vorzügliches Bio-Fleisch und gerne Safran, Trüffel, Steinpilze. Neben schönen Cahors findet man auf der Weinkarte auch interessante Tropfen von den Coteaux du Quercy oder aus Marcillac. Menüs für 12–41 €.

**Bahn:** Züge nach Brive (über Rocamadour/Martel), Cahors, Clermont-Ferrand, Rodez, Toulouse.

**Bus:** Mehrmals tgl. nach Cahors und St-Céré/Bretenoux-Biars.

### Ziele in der Umgebung

**Célé-Tal:** Idyllische Strecke für Radfahrer (D 41), Paddler, Wanderer (GR 651) – mit alten Mühlen und Dörfern, die sich unter den Felswänden um Kirchen und Landschlösser gruppieren. Die erste Station ist nach 20 km **Espagnac-Ste-Eulalie,** ein winziges Dorf mit umfangreichen Klostergebäuden, wo man im Gîte d'étape (Bio-Produkte aus der eigenen Landwirtschaft) einkehren kann. 12 km weiter laden in **Marcilhac-sur-Célé** die von Enten und Gänsen bevölkerten Uferwege zum Verweilen ein. Achtung: Die Abteikirche (11./12. Jh.), eine grandiose Ruine, liegt mitten im Dorf versteckt.

**Oberes Lot-Tal:** Südwestlich über die Kuppe von Faycelles, das weinumrankte Adlernest, ins benachbarte Lot-Tal hinunterschwenken. Dort steht die Wehrkirche von St-Pierre-Toirac (11.–14. Jh.) mitten im Dorf, während die schlanke Kulisse von Château de Larroque-Toirac (12.–15. Jh., www.chateautoirac.com) aus der rückwärtigen Felswand herauszuwachsen scheint. Eine Strecke von 15 km (einfach), auf der auch schöne Taubentürme zu entdecken sind!

## Gourdon (G6)

Auf einen Hang gebaut und auf der Höhe der ehemaligen Stadtmauern von Boulevards umrundet, ist Gourdon mit 5100 Einwohnern der größte Marktflecken der Bouriane. Die Landbevölkerung kommt regelmäßig in die Kleinstadt, deren Cafés und Läden auf sie eine große Anziehungskraft haben. Man verweilt sitzend und promenierend am Boulevardring und genießt die goldgrüne Kulisse der historischen Fassaden und Schatten spendenden Laubbäume. Doch die Einheimischen genießen vermutlich mehr noch das fröhliche Tohuwabohu, das an Markttagen ausbricht und zu dem auch das Stop und Go des Durchgangsverkehrs gehört.

### Sehenswert

**Porte du Majou:** Stadttor aus dem 14. Jh., hinter der die Hauptstraße glei-

chen Namens durchs alte Weberviertel führt. Rechts und links prächtige Häuser mit vorkragenden Fassaden und Spitzbogenarkaden.
**St-Pierre:** Die Straße mündet oben in den Rathausplatz mit der wuchtigen Wehrkirche, die im 14. Jh. begonnen wurde.
**Burgfelsen:** Von der Esplanade bietet sich ein weites Panorama, das über die Dächer der Stadt bis zu den zwischen Dordogne und Céou aufsteigenden Plateaus reicht.

## Sport & Freizeit
**Fahrradverleih:** Nature Evasion, 73 avenue Cavaignac, Tel. 05 65 37 65 12.

## Einkaufen
**Markt:** Wochenmarkt Sa vormittags Place de la Poste; Bauernmarkt Di vormittags (Juli/Aug. auch Do vormittags) auf der Place St-Pierre.
**Boutique Valette:** 7, allée de la République. Vom Cassoulet bis zur Foie gras Entenspezialitäten in verschiedenen Zusammenstellungen.

## Feste & Unterhaltung
**Kammermusikfestival:** Juli/Aug. in den Kirchen der Umgebung.
**Les Tréteaux de la chanson:** Mitte Juli und Mitte August jeweils drei Tage Chansons auf der Place St-Pierre.
**Les Médiévales:** 1. Juliwochenende. Mittelalterliches Festbankett mit Kämpfen, Bogenschießen, Jonglierkunststücken, Gesang und Tanz. Abends Shows und Feuerwerk.

**Office du tourisme:** 46300 Gourdon, Rue du Majou, Tel. 05 65 27 52 50, www.quercy-tourisme.com/gourdon.
Im Sommer Stadtführungen.

**La Promenade:** 48, bd Galiot de Genouilhac, Tel. 05 65 41 41 44, Fax 05 65 41 41 22, www.lapromenadegourdon.fr, DZ um 50 €, So Ruhetag.
Obwohl das Hotel am Boulevard liegt und als beliebter Treff der einheimischen Jugend gilt, schläft man in den ruhig gelegenen Zimmern tadellos.

**Camping**
**Ecoute s'il Pleut:** 1 km vom Zentrum, Tel. 05 65 41 06 19, www.gourdon.fr, Juni bis Sept. Schattig gelegen und sehr komfortabel. Bademöglichkeiten, Wassersport.

**Bahn:** Haltestation auf der Linie Paris–Toulouse. 8 x tgl. Regionalzüge nach Cahors und Souillac/Brive.

## Ziele in der Umgebung
**Höhlen von Cougnac:** 3 km nördlich an der Straße nach Sarlat (D 704), Palmsonntag bis Sept. 10–11 und 14.30–17 Uhr, Juli/Aug. 10–18 Uhr, Okt. 14–16 Uhr. Entlang eines unterirdischen Flusses reihen sich drei Säle mit gewaltigen, von Stalaktiten übersäten Deckengewölben. Im Säulensaal sieht man zusammengewachsene Stalagmiten und Stalaktiten. Ein weiterer Saal enthält Hunderte von Tiermalereien.
**Bouriane-Tour:** Die Bouriane, ein vergessener Winkel zwischen der Dordogne und dem Lot, ist für Entdeckungen gut. Von Gourdon erreicht man auf der D 673 nach 13,5 km Salviac. Hier stößt man im mittelalterlichen Gassengewirr noch auf das eine oder andere Adelshaus. Hinter Salviac häufen sich dann über Land die typischen Steinhütten, die man v. a. an den Sträßchen nach Boulégan, Florimont und Marzval se-

## La Récréation

In der ehemaligen Dorfschule von Les Arques betreiben Jacques und Noëlle Ratier ein ambitioniertes Restaurant mit dem sinnreichen Namen ›Die Pause‹. An die frühere Funktion als Klassenzimmer, in dem sich Kinder aller Altersstufen zusammenfanden, erinnert im Speisesaal noch die Tafel. Am schönsten sitzt man auf der Terrasse über dem Schulhof, höchstwahrscheinlich neben Engländern, die Michael Sanders' Les-Arques-Hommage (»From here you can't see Paris«) auf dem Tisch liegen haben. Sehr sympathische Atmosphäre kombiniert mit feinem Essen (Menüs 17 bzw. 29 €).
**La Récréation,** Tel. 05 65 22 88 08, Mi–Do geschl.

hen kann. 7 km südwestlich erreicht man schließlich Cazals, eine ehemalige Bastide mit zentralem Marcadial. Der Wochenmarkt findet So vormittags statt. Bis **Les Arques,** das schön restaurierte Refugium des russisches Bildhauers und Picasso-Freunds Ossip Zadkine (s. Tour 1, S. 108), sind es noch einmal 6 km.

# Lalinde (D5)

Lalinde (3000 Einw.) liegt am Unterlauf der Dordogne in einer mit Sehenswürdigkeiten gesegneten Umgebung. Selbst ohne große Attraktionen, ist die 1267 von Jean de la Linde gegründete Bastide ein sympathischer Stützpunkt für interessante Ausflüge. Man plant sie gemütlich in einem der Cafés auf dem zentralen Platz, der von zahlreichen Geschäften gesäumt ist und eine vielversprechende Markthalle aufweist. Eine kleine Esplanade führt terrassenartig zum Fluss, wo sich früher noch das Schloss erhob. Ein zweiter Wasserweg, der nach Lalinde benannte Kanal, umgibt das Städtchen und verläuft noch jenseits der Couze-Mündung kilometerweit am Ostufer der Dordogne.

### Sehenswert

**Place de la République:** Zentraler Bastide-Platz mit wuchtiger Halle.

### Sport & Freizeit

**Centre VTT:** Tel. 05 53 24 12 31, www.centre-nature-loisirs.fr.
Mehr als ein Fahrradverleih, denn das engagierte Team im ehemaligen Schleusenhaus direkt am Kanal vermittelt auch Tourenbegleiter und bietet verschiedene Sportprogramme an.
**Klettern/Späleologie:** Moulin de la Guillou, Tel. 05 53 61 02 91, Fax 05 53 57 81 60.
Auch Mountainbike- und Kanuverleih, Begleitung durch diplomierten Animateur.

### Einkaufen

**Markt:** Do vormittags auf dem zentralen Platz.
**Büttenpapier:** Im Shop der Moulin Larroque bei Couze-et-St-Front (Mo–Fr 9–12, 14–17 Uhr) werden Aquarellblöcke, Alben, Briefpapier, Visitenkarten etc. angeboten.
**Glasfenster:** 68, avenue d'Aquitaine. Öffnungszeiten des Ateliers: Do/Fr 15–18.30 Uhr.

**Office de Tourisme:** Im Jardin Public, Tel. 05 53 61 08 55, Fax 05 53 73 30 60, www.lalinde24.com.

**Le Périgord**: 1, place du 14 Juillet, Tel. 05 53 61 19 86, Fax 05 53 61 27 49, www.hoteldu perigord.com, DZ 47–86 €.
Das Logis de France, eben renoviert, bietet modern und farbenfroh gestaltete Zimmer und einen bürgerlich-biederen Speisesaal.

**Camping**
**Camping des Moulins:** In Couze-et-St-Front, Tel. 05 53 61 18 36, geöffnet Ostern bis Mitte Okt.
Idyllisch am Ufer des Couze gelegen, mit Pool und Tennisplatz.

**Bahn:** 6 x tgl. Verbindung nach Bergerac und Sarlat.

**Bus:** Linie Cadouin–Lalinde–Bergerac (mehrmals tgl.), Tel. 05 53 61 00 46.

## Ziele in der Umgebung

**Couze-et-St-Front (D5):** 3 km flussabwärts links über die Brücke liegt das Dorf, das seit dem 16. Jh. für seine Papiermühlen bekannt ist. Von den ehemals 13 ist nur noch die Moulin de Larroque in Betrieb. Die Moulin de la Rouzique wurde zu einem Eco-Musée umgestaltet und vermittelt einen Einblick in die traditionelle Papierfertigung (Juli/Aug. wochentags 10–19 Uhr, sonst 14–18.30 Uhr).
**Château de Lanquais (D5):** Reizvoller Abstecher, 3 km westlich von Couze-et-St-Front. Eine Ulmenallee führt

**In der Papiermühle Larroque wird noch heute aus Baumwoll- und Leinenlumpen handgeschöpftes Büttenpapier hergestellt**

hoch zum »Louvre des Périgord«. Aus der mittelalterlichen Burg (11.–15. Jh.) wächst auf der linken Seite das ums Eck gebaute Renaissanceschloss hervor (Juli/Aug. tgl. 10–19 Uhr, Mai bis Sept. tgl. außer Di 10.30–12, 14.30–18.30 Uhr, sonst nur nachmittags).

## Limeuil (E5)

Über dem Zusammenfluss der Dordogne mit der Vézère treffen sich im rechten Winkel die beiden hundertjährigen Brücken von Limeuil. Unter ihren Bögen hindurch erreichen bunte Boote den alten Flusshafen, über dem die befestigte Ortschaft steil aufsteigt. Der strategisch bedeutsame Fleck wurde schon von den Römern besetzt und war in den Zeiten der Feudalfehden und Bauernkriege ein umkämpfter Platz. Seine ökonomische Blüte erlebte das heute noch von 340 Menschen bewohnte Limeuil in der zweiten Hälfte des 19. Jh., als in der Nähe des Hafens rund 80 Handwerksbetriebe florierten. Die in der Altstadt ausstellenden Kunsthandwerker knüpfen an diese Tradition an.

### Sehenswert

**Altstadt:** Die mittelalterlichen Häuser mit ihren malerischen Dächern bilden entlang der Stadtmauer eine architektonische Einheit.

**Parc Panoramique:** Das Schloss ist verfallen. Aber der Besuch des restaurierten Schlossparks lohnt sich wegen seiner fantastischen Aussichtsterrasse.

### Sport & Freizeit

**Baden:** Plage du Pont de Vicq (überwacht), Plage de Limeuil, Plage de Bac de Sors.

**Base nautique Trémolat:** Kanu/Kajak, Tretboot, Surfbike.

**Kanu/Kajak:** Canoës Rivières Loisirs, Maisonneuve, Tel. 05 53 63 38 73, www.canoes-rivieres-loisirs.com.
Auf der Dordogne und Vézère. Auch Verleih von Mountainbikes.

**Reiten:** Ferme équestre La Haute Yerle, Alles-sur-Dordogne, Tel. 05 53 63 35 85.
Reitferien mit Unterkunft im Chambre d'hôte.

### Einkaufen

In der **Rue du Port** hübsche Läden und Boutiquen mit Keramik, Schmuck, Design. In einigen Laden-Ateliers sieht man die Handwerker bei der Arbeit.

**Glasbläser:** Mallemouche, Route de Trémolat.

**Kunstschmied:** Robert & Robert, Rue du Port.

## Tropfsteinhöhlen

Wenn das kalkhaltige Sickerwasser aus dem Gestein in die lufterfüllte Höhle tropft, rekristallisiert sich der aufgelöste Kalkstein in Form von Kalkspat (Calcit). Jeder kennt Stalaktiten (von oben nach unten) und Stalagmiten (von unten nach oben), die komplementär wachsenden Tropfsteine, die bei ihrer Vereinigung Säulen oder Orgeln bilden. Neben diesen klassischen Konkretionen gibt es in den Höhlen Südwestfrankreichs sogenannte *excentriques,* seltsam verschlungene Sinterröhrchen, die wider alle Gesetze der Schwerkraft in den Raum wuchern und korallenartige Polster bilden. Besonders schön ausgeprägt in der Grotte du Grand Roc (S. 65) und den Grottes de Maxanges (S. 75).

**Syndicat d'initiative:** 24510 Limeuil, Tel. 05 53 22 06 09, www.limeuil-perigord.com.

**Isabeau de Limeuil:** Rue du Port, Tel. 05 53 63 39 19, Fax 05 53 63 39 50, Mi mittags geschl., DZ ab 35 €. Altmodisches Landhotel, oberhalb des Kanutrubels in einer malerischen Gasse gelegen. Nr. 1, 3 und 5 sind renovierte Zimmer mit schöner Aussicht. Menüs für 11 (mittags), 15 und 30 €.

**In Trémolat**

**Le Bistrot d'En Face:** Tel. 05 53 22 80 69. Speisesaal und Veranda, adrett in freundlichem Blau-Gelb gehalten, erlauben einen Blick in die offene Küche, die das landestypische Repertoire modern und leicht interpretiert. Die Stammkundschaft weiß die Qualität zu schätzen, wird aufmerksam und flott bedient. Menüs für 11,90–28 €, Kindermenü 7,50 €.

**Le Vieux Logis:** Tel. 05 53 22 80 06, Fax 05 53 22 84 89, www.vieux-logis.com.

Dem Bistrot gegenüber das Stammhaus, eine der besten Übernachtungs- und Essadressen des Périgord. Hinter Natursteinwänden, Deckenbalken, Draperien weht ein inventiver Geist, der Foie gras als luftigen Flan präsentiert, das Barschfleisch in Ravioli verpackt und die Speisenfolge gern unter ein Thema stellt. Menüs 30–75 €, DZ 155–259 €.

**Camping**

**Le Port de Limeuil:** Alles-sur-Dordogne, Tel. 05 53 63 29 76, Fax 05 53 63 04 14, www.leportdelimeuil.com, Mai bis Sept.

Großzügige Anlage (90 schattige Zeltplätze) gegenüber von Limeuil, mit beheiztem Pool und Grünfläche vor dem Flussufer.

## Ziele in der Umgebung

**Grottes de Maxanges (E5):** 1 km vor Le Buisson-de-Cadouin in Mestreguiral, Ostern–Allerheiligen tgl. 10–12 und 14–18 Uhr, Juli/Aug. 9–19 Uhr, www.lesgrottesde maxanges.com.

Die erst 2000 entdeckte und seit 2003 der Öffentlichkeit zugängliche Tropfsteinhöhle enthält exzentrische Konkretionen (*excentriques*), die von Fachleuten als weltweit einmalig eingestuft werden.

## Highlight 5

**Route des Cingles:** Diese Panoramastraße folgt dem nördlichen Felsabbruch von einer Flussschleife zur nächsten. Man erreicht zunächst auf der D 31 den Aussichtspunkt **Cingle de Limeuil,** von dem man über das fruchtbare Tal hinweg auf die Brücken von Limeuil zurückblickt. Nach der Kreuzung von Paunat entfernt sich die Straße von der Dordogne, schneidet die Schleife ab und erreicht Trémolat, eine Vierstraßenkreuzung mit Wehrkirche, Bahnhof und Feinschmeckerlokal.

Nordwärts führt die Route des Cingles als D 30 E weiter Richtung **Maussac.** 2 km oberhalb der Ortschaft erreicht man den Aussichtspunkt **Cingle de Trémolat.** Gegenüber dem Parkplatz bietet sich ein erhebender Blick auf die spektakulärste Schleife der Dordogne. Man sieht den weiten Wasserbogen, der sich hinter den Maisfeldern zu einem Oval zu schließen scheint. Vorne verdeckt Buschwerk den Fluss. Wer jedoch rechts dem Weg folgt, erreicht durch Dickicht in 5 Minuten eine ungesicherte (!) Plattform, die Schwindelfreien einen unverstellten Blick auf das »Weltwunder« (André Maurois) gewährt. Nach Limeuil kehrt man am besten auf demselben Weg zurück, denn in der umgekehrten Richtung ist das Panorama noch näher, noch eindrucksvoller. Hin und zurück 19 km.

**Bahn:** Auf der Linie Sarlat–Bergerac folgt auf den Umsteigebahnhof Le Buisson die Station Trémolat.

# Martel (H4)

Die »Stadt der sieben Türme« (1500 Einw.) liegt oberhalb der Dordogne auf dem Causse de Martel, der dem Causse de Gramat als nördliches Pendant gegenüberliegt. Von Steuern befreit und mit dem Münzprägerecht ausgestattet, war Martel im ausgehenden Mittelalter für Händler und Kaufleute ein ergiebiges Pflaster, das von selbstständig regierenden Konsuln verwaltet wurde und als königliche Landvogtei auch Magistrate, Richter und Advokaten anzog. Noch heute kann man sich das selbstbewusste Auftreten der Stadtherren vorstellen, wenn man auf dem zentralen Marktplatz steht und über die alten Kornmaße hinweg auf die mächtigen Fassaden blickt. Die eindrucksvollste Gesamtansicht der mittelalterlichen Stadtkulisse bietet sich übrigens von der Straße nach Vayrac aus (D 703).

## Sehenswert

**Place des Consuls:** Rund um die Markthalle (18. Jh.) gruppieren sich die Stadthäuser, unter ihnen der Palast des Vizegrafen von Turenne, Hôtel de la Raymondie (13./14.Jh.). Er beeindruckt durch spitzbogige Arkaden, Ecktürmchen und einen 33 m hohen Bergfried.
**St-Maur:** Gotische Kirche (13.–16. Jh.), die mit ihrem 48 m hohen befestigten Turm in die Stadtmauer integriert war.

## Sport & Freizeit

**Baden:** In Gluges gibt es 200 m vom Campingplatz flussaufwärts einen überwachten Badestrand.
**Kanu/Kajak:** Tagestouren mit Rücktransport organisieren Quercyland Copeyre (Tel. 05 65 37 33 51) oder Safaraid (Tel. 05 65 37 44 87). Von Gluges bzw. Meyronne sind es bis Souillac 28 bzw. 18 km. Für die wildromantische Strecke muss man 3–5 Std. rechnen.
**Klettern/Speläologie/Canyoning:** Port-Loisirs, Creysse, Tel. 05 65 32 27 59, www.portloisirs.com.
**Reptiland:** N 140 Richtung Figeac, tgl. 10–12 und 14–18 Uhr, Juli/Aug. durchgehend.
Echsen, Schlangen, Schildkröten, Krokodile, Skorpione, Spinnen – insgesamt 92 Arten in Freigehegen.

## Einkaufen

**Wochenmarkt:** Mi und Sa.
**Trödel- und Wollmarkt:** 23. Juli.

## Feste & Unterhaltung

**Festival de la BD:** Comicfestival am letzten Julisonntag.
**Foire de la Laine:** Am 23. Juli steigt der Wolljahrmarkt mit Schafschurwettbewerb und ländlichem Bankett.

**Office de Tourisme:** 46600 Martel, Place des Consuls, Tel. 05 65 37 43 44, Fax 05 65 37 37 27, www.martel.fr.

**Relais Sainte-Anne:** Rue Pourtanel, Tel. 05 65 37 40 56,

Fax 05 65 37 42 82, www.relais-sainte-anne.com, kein Restaurant, DZ 70–160 €.
Historische Mauern und moderne Gastlichkeit finden in den raffiniert dekorierten Zimmern zu einer aparten Synthese. Das ehemalige Mädchenpensionat ist ein Hafen der Stille: adrette Zimmer, efeuumrankter Naturstein, blühender Garten mit Pool.

**Camping**
**Les Falaises:** In Gluges, Tel. 05 65 37 37 78, Fax 05 65 32 20 40, geöffnet Mai bis Sept.
Unter den Steilfelsen des Causse du Martel, mit Schattenplätzen, Fahrrad- und Kanuvermietung; 200 m flussaufwärts befindet sich ein überwachter Badestrand.
**Le Port:** In Creysse, Tel. 05 65 32 27 59, Fax 05 65 32 20 40, www.campingduport.com, geöffnet Mai bis Sept.
Von der schattigen Nussbaumpflanzung eines ehemaligen Bauernhofs Direktzugang zur Dordogne mit Badestrand. Auch großer Pool.

Die empfehlenswerten Speiseadressen liegen in der Umgebung von Martel:
**Auberge de L'Ile:** In Creysse, Tel. 05 65 32 22 01, Fax 05 65 32 21 43.
Eine ideale Station zum Einkehren ist dieser idyllisch am Fluss gelegene Gasthof mit seinem überschatteten Garten. Einfache Gerichte, Menüpreise ab 16,50 €. Für Übernachtungsgäste stehen auch preiswerte Zimmer (42–64 €) und ein Pool zur Verfügung.

**Bahn:** St-Denis-près-Martel liegt an der Linie Paris–Aurillac. 4 x tgl. Regionalzüge nach Brive und Rodez (über Rocamadour/Figeac).

## Nussmühle

Jeden Samstagnachmittag kann man beim Ölmahlen zusehen und im Verkaufsraum Walnussöl und Geflügelkonserven kaufen. Die Nussmühle ist nämlich Teil eines Bauernhofs, und der Clou dabei ist: alle Produkte gibt es in der Ferme-Auberge köstlich zubereitet. Die Spezialitäten reichen vom Cabécou-Salat bis zum Nusskuchen, die wohlschmeckenden Enten und Gänse nicht zu vergessen: sie wurden mit Ölkuchen, der ausgepressten Nussmasse, gefüttert. Menüs für 13,50, 16 und 24 €.
**Ferme-Auberge du Moulin à Huile de Noix,** von Martel 2 km Richtung Bretenoux, Tel. 05 65 37 40 69, Mo geschl.

**Chemin de fer du Haut-Quercy:** In der Hauptsaison verkehrt zwischen Martel und St-Denis-près-Martel ein Touristenzug. Die Nostalgiebahn mit Dampf- oder Diesellok fährt auf der alten Dordogne-Linie (16 km in etwa 1 Std.).

## Ziele in der Umgebung

**Gluges (H5):** 4 km südlich (N 140) liegt Gluges, ein unter einer 120 m hohen Felswand zusammengekauerter Weiler. Seine romanische Kirche (12. Jh.) ist über dem aufsteigenden Dächergewirr direkt in den rückwärtigen Kalkstein gebaut.
**Cirque de Montvalent:** Die Flussschleife mit den darüber liegenden Hügeln bildet südlich von Martel ein tolles Panorama, das sich am besten vom Belvédère de Copeyre aus darbietet. Man erreicht den Aussichtspunkt auf der N 140 auf der Höhe von Gluges lin-

ker Hand knapp 1 km vor der Dordogne-Brücke.

**Creysse:** Auf der rechten Uferseite 4,5 km hinter Gluges. Durch das verträumte Dorf fließt der Cacrey-Bach, in dessen kresseüberwucherten Wassern sich eine kleine Markthalle spiegelt. Ein von Steinhäusern gesäumter Weg führt den Felssporn hoch zum Schloss und zur Schlosskapelle mit ihren originellen Zwillingsabsiden.

**Grottes de Lacave:** Weiter nach St-Sozy (4 km) und über die Brücke nach Meyronne (1,5 km) geht es auf dem linken Ufer nach Lacave (5 km). Hinter einer vom Fluss ausgespülten Kerbe verbergen sich großartige Tropfsteinhöhlen. Die Besucher gelangen mit Elektrobähnchen und Lift zu zwölf unterirdischen Sälen, die in zwei Abschnitten (hin und zurück 1,6 km, etwa 75 Min.) zu durchlaufen sind. Im ersten Teil dominieren Stalaktiten und Stalagmiten, im zweiten unterirdische Seen.

**Highlight** 6

## Monpazier (E6)

Monpazier wurde 1284 im Auftrag Edwards I., König von England und Herzog von Aquitanien, gegründet. Die auf einem 400 x 220 m großen Karree errichtete Bastide (530 Einw.) ist mustergültig erhalten. Innerhalb der Stadtmauer bilden die Straßen ein Schachbrett eng bebauter Parzellen, die für 8 m breite, höchstens 20 m tiefe Häuser Platz bieten. Es kreuzen sich vier Achsen, die im unbebauten Zentrum einen 45 x 45 m großen Platz einschließen. Rundum stehen Arkadenhäuser mit hübschen Cafés und Läden – eine Kulisse ideal zum Flanieren an Sommerabenden.

### Sehenswert

**Arkadenhäuser** (13. Jh.): Die gleich proportionierten Gebäude unterscheiden sich durch ihre Fenster- und Bogenformen. Beachten Sie auch die schmalen Lücken und Eckportale zwischen den Häusern.

**Markthalle** (16. Jh.): Unter dem Dachstuhl sind Hohlmaße zum Abwiegen von Getreide und Nüssen aufgestellt.

### Sport & Freizeit

**Fahrräder:** Verleih und Ersatzteile im Fahrradshop Mouret, 17 rue Saint-Jacques. Die Base VTT Biron in Sunelia-Le Moulinal (Tel. 05 53 40 84 60) verleiht Mountainbikes und organisiert Touren inklusive Übernachtung.

**Kutschenfahrten:** Le Périgord en calèche, Mazeyrolles, Tel. 05 53 29 98 99, www.perigord-en-caleche.com. Tagesausflug mit ländlichem Picknick und Besichtigung Monpaziers.

### Einkaufen

**Markt:** Donnerstag vormittags.

Für Freunde von Antiquitäten und Kunsthandwerk gibt es in den Gassen Monpaziers interessante Läden, u. a.:

**Atelier Marqueterie:** Hauptplatz. Intarsienarbeiten.

**Arc Antique:** 27, place des Cornières. Antiquitäten.

**Garance:** 30, rue Notre-Dame. Antiquarische Bücher.

**Pascal Guernic:** 13, rue Saint-André. Glasbläser.

**Office de Tourisme:** 24540 Monpazier, Place de Cornières, Tel. 05 53 22 68 59, Fax 05 53 74 30 08, www.pays-des-bastides.com.

**Hôtel de Londres:** Forail Nord, Tel. 05 53 22 60 64, Fax 05 53 22 61 98, DZ 39–49 €.

Blaise Cendrars und Igor Strawinski logierten bereits in diesem Provinzhotel, das sich seither kaum verändert hat. Die schlichten Zimmer über der von Stammgästen frequentierten Bar sind wirklich filmreif.

**Camping**

**Le Moulin de David:** Gaugeac (4 km auf der Strecke nach Biron), Tel. 05 53 22 65 25, Fax 05 53 23 99 76, www.moulin-de-david.com, 20. Mai bis 9. Sept.
Von Bäumen bestandenes Areal mit Pool und Naturwasserbecken, Sportplätzen, Reitmöglichkeit, Fahrradverleih. Außerdem: Bar, Epicerie, Bibliothek, Internet.

**La Bastide:** 52, rue St-Jacques, Tel. 05 53 22 60 59, Mo geschl.
In ›gutbürgerlichem‹ Ambiente bietet der bretonische Chef eine verfeinerte Périgord-Küche mit Qualitätsprodukten, deren Hersteller in der Speisekarte aufgeführt sind. Spezialität des Hauses ist das mit Steinpilzen, Trüffeln und Foie gras gefüllte Omelette du curé (›Pfarrersomelette‹). Menüs für 13 und 25 €.

## Ziele in der Umgebung

**Château de Biron (E6):** 8 km südlich, Juli/Aug. tgl. 10–19 Uhr, für die Zwischen- und Nebensaison Auskunft einholen, www.semitour.com.

**Arkadenhäuser säumen den zentralen Platz der Bastide Monpazier**

Die stattliche Burg (12. Jh.) thront über einem winzigen Dorf aus sattgelbem Naturstein. Sie war 24 Generationen lang im Besitz der Familie Gontaut, die durch ihren selbstbewussten Protestantismus wiederholt die französische Krone herausforderte. So trutzig-wehrhaft die Burg nach außen hin wirkt, im Inneren dominiert das spielerische Element der Renaissance. Wieder zurück auf dem kleinen Dorfplatz, stößt man auf ein seltsames Kriegerdenkmal, das der deutsche Konzeptkünstler Jochen Gerz den (Über-)Lebenden gewidmet hat (»Monument aux vivants«).

## Montignac (F4)

Seit der Entdeckung der Höhle von Lascaux 1940 hat sich Montignac zu einem aufstrebenden Fremdenverkehrsort mit immerhin 3000 Einwohnern entwickelt. Die Besucher bilden Schlangen im Office de Tourisme und verteilen sich auf diverse Andenkenläden und Bistros in den Bürgerhäusern der Hauptstraße. Manche bummeln bis zum Kirchplatz, wo vor dem schönen Portal mittwochs und samstags verführerische Marktstände aufgeschlagen sind. Dass Montignac auch ohne Lascaux seinen Reiz hat, wird aber erst so richtig klar, wenn man auf der Vézère-Brücke steht. Dort bietet sich ein Postkartenblick mit Burgfelsen, Kirche und einem von Pfahl- und Balkonkonbauten gesäumten Flussbogen.

### Highlight 7

**Lascaux II:** 2 km südlich, Tel. 05 53 51 95 03 (Höhle) und 05 53 51 96 23 (Billetterie), www.semitour.com, Juli/Aug. 9–20 Uhr, April bis Sept. 9.30–18.30 Uhr, Wintersaison tgl. außer Mo 10–12.30 und 14–17.30 Uhr. Wegen der Beschränkung des Tageskontingents auf 2000 Besucher werden diese für die jeweils 40-minütigen Führungen in Gruppen eingeteilt. April bis Allerheiligen erhält man die Eintrittskarten in der Billetterie (hinter dem Office de Tourisme) in Montignac, im Winter direkt vor der Höhle. Die Tickets können telefonisch durch Angabe der Kreditkartennummer reserviert werden. Ein unwesentlich teureres Kombi-Ticket schließt den Besuch des Informationszentrums Espace Cro-Magnon in Le Thot ein.

Zu besichtigen ist nicht mehr die 1940 entdeckte und 1963 wegen zunehmender Schäden für die Öffentlichkeit geschlossene Originalhöhle. An ihrer Stelle steht den Besuchern seit 1983 Lascaux II offen, eine exakt nachmodellierte und mit prähistorischen Farben ausgemalte Betonkopie. Rekonstruiert wurden von ursprünglich sieben Räumen die zwei ersten, die allerdings 90 % der Malereien enthalten. Die »Halle der Stiere« enthält ein 25 m langes Bildband mit vier wuchtigen, immer größer werdenden Stieren. Das axiale Divertikel, ein enger Raum mit Simsbank, zeigt Kühe und Pferde in Bewegung.

### Sehenswert

**Regourdou:** 500 m oberhalb von Lascaux, Juli/Aug. 10–19, Juni und Sept. 11–18 Uhr. Kleines prähistorisches Museum und fünf Braunbären.

**Espace Cro-Magnon:** In Le Thot (D 706), Öffnungszeiten wie Lascaux II. Im Museumsgebäude ist die Herstellung der Höhlenkopie dokumentiert, im Park begegnet man den Tieren, die auf den Wänden von Lascaux verewigt sind.

## Sport & Freizeit

**Kanubasen:** *Les Sept Rives,* Montignac (unterm Pont Neuf), Tel. 05 53 50 19 26; *Aventure Plein Air,* St-Léon-sur-Vézère, Tel. 05 53 50 67 71, www.canoevezere.com.
Abfahrten von Montignac bis Les Eyzies (30 km, 7 Std.), auch Kurzstrecken wie St-Léon–Roque St-Christophe (4 km, 1 Std.).

## Einkaufen

**Markt:** Mi und Sa vormittags.

## Ausgehen

**Le Tourny:** 38, rue du 4 septembre, Tel. 05 53 51 59 95, tgl. 9.30–2 Uhr, am Wochenende bis 4 Uhr.
In der postmodern gestylten Bar gibt es mittags einen Tagesteller und hausgemachtes Gebäck, So 18–19 Uhr Happy Hour, am Wochenende abends Jazz- und Rockdarbietungen (nur im Sommer).

## Feste & Unterhaltung

**Festival musical du Périgord noir:** s. S. 19.
**Musiques et Danses du Monde:** s. S. 19.
**Fête des Inondés:** 3. Augustwochenende auf der Place d'Armes. Ball und Straßenfest.

**Office de Tourisme:** 24290 Montignac, Place Bertrand-Born, Tel. 05 53 51 82 60, Fax 05 53 50 49 72, www.bienvenue-montignac.com.
Unter den Arkaden dahinter erhält man die Eintrittskarten für Lascaux II und Espace Cro-Magnon (Le Thot).

**Relais du Soleil d'Or:** 16, rue du 4 septembre, Tel. 05 53 51 80 22, Fax 05 53 50 27 54, DZ ab 90 €.
In der alten Poststation gibt es gediegene, stille Zimmer auf den Park hinaus. Von der Veranda des Restaurants Blick auf Terrasse und Pool. Sehr korrekt und preisgünstig ist das hauseigene Bistro mit marktfrischem Mittagsmenü (11,50 €).
**La Roseraie:** Place d'Armes, Tel. 05 53 50 53 92, Fax 05 53 51 02 23, www.laroseraie.fr.st, DZ 70–150 €, Juli/Aug. Halbpension obligatorisch.
Idyllische Familienpension am Vézère-Ufer. Schnuckelige Zimmer, gemütliche Salons, umrankte Terrasse, feine Küche, Pool vor Rosengarten – so stellt man sich eine Hostellerie vor. Verfeinerte Landesküche mit Menüs für 12–30 €.

**Le Bistro Gourmand:** Ortszentrum, Tel. 05 53 35 31 52, Mo geschl.
In gepflegtem Rahmen serviert man weiches Ei mit Foie gras, Entenbrust-carpaccio, Kalbsbries mit Steinpilzen. Verfeinerte Regionalküche ab 12 € das Gericht.

**Bus:** 2 x tgl. nach Sarlat und Périgueux.

## Ziele in der Umgebung

**Fanlac (F4):** Abgelegenes Kalksteindorf, 7 km westlich von Montignac auf einer Kuppe. Die ockergelben Häuser gruppieren sich um einen Brunnen mit Steinkreuz. Wanderer erreichen es über den GR 36, Radfahrer biegen von der D 706 bei Thonac rechts ab ins gleichnamige Tal. Fanlac ist ein wichtiger Schauplatz von Le Roys Erfolgsroman »Jacquou le Croquant« über einen Bauernrebellen.
**St-Amand-de-Coly (G4):** 5 km östlich von Montignac stößt man in einem kleinen Seitental auf die eindrucksvollste Wehrkirche des Périgord. Der aus

gelbem Kalkstein errichtete Festungsbau (12. Jh.) überragt das gleichnamige Dorf um mehrere Haushöhen.

**Château de Hautefort (F2):** tgl. 10–12 und 14–18 Uhr, im Sommer durchgehend bis 19 Uhr.

30 km immer nach Norden – und man steht vor dem größten Barockschloss Südfrankreichs. Ab 1630 in 40 Jahren auf den Resten der mittelalterlichen Burg errichtet, bekam das Schloss erst im 18. Jh. seine charakteristischen Pavillons. Der auf einer Kuppe platzierte Bau entfaltet seine ganze Wirkung zusammen mit den Terrassen und Gärten. Für die Besichtigung der Innenräume und einen Spaziergang durch den Park sollte man mindestens eine Stunde einplanen.

Highlight 8

## Périgueux (D3)

Die Hauptstadt des Périgord (30 000 Einw.) liegt abseits der Dordogne am linken Ufer des Isle. Sie besteht eigentlich aus zwei Städten: der alten Römerstadt Vesunna und dem mittelalterlichen Puy St-Front.

Die antike Siedlung, einst das architektonische Juwel der Provinz Aquitania, ist an den Rand gerutscht und eignet sich zu einer speziellen, stillen Besichtigungsrunde (Circuit romain). Das Herz der Stadt schlägt heute in Puy St-Front, wo sich prächtige Renaissancepaläste (Hôtels) auf engstem Raum zusammendrängen. Die Gassen und Plätze dieser ursprünglich von einer Mauer umschlossenen Altstadt bilden eine ausgedehnte Flanierzone mit bunten Märkten, Feinkostläden, Freiluftrestaurants und Tribünen fürs abendliche Jazzkonzert. Vor allem Gourmets kommen hier auf ihre Kosten, denn Périgueux ist Weltmetropole der Gänsestopfleber und der schwarzen Trüffel.

### Sehenswert

**Kathedrale St-Front:** Die byzantinisch-romanische Kreuzkuppelkirche (12. Jh) erhebt sich eindrucksvoll über dem Fluss Isle. Der Grundriss stellt ein griechisches Kreuz dar, die 35 m hohen Kuppeln haben Schuppendächer, die für Sacré-Cœur in Paris vorbildlich wurden.

**Maison des Consuls:** Die Residenz der Stadtregenten (15./16. Jh.) trägt ein Dach mit schmucken Dachfenstern im Flamboyant-Stil.

**Place St-Louis:** Zauberhafter Platz mit eleganten Hôtels wie Maison Lajoubertie (Nr. 1, Prachttreppe) und Maison du Patissier (»Haus des Zuckerbäckers«), mittags von den Tischen und Schirmen der Imbisslokale verstellt.

**Place du Coderc:** Marktplatz mit alter Halle (1830), an der Ecke Rue de la Sagesse das Hôtel de Lestrade (Nr. 1, Prachttreppe).

**Rue Aubergerie:** Hôtel de Ladouze (Nr. 16) und Hôtel Sallegourde (Nr. 4/8), zwei Renaissancepaläste mit wehrhaften Türmen.

**Tour Mataguerre:** Der Verteidigungsturm der mittelalterlichen Befestigungsmauer ist der letzte von ursprünglich 28 gleich gearteten Rundtürmen.

**Eglise St-Etienne:** Erster christlicher Sakralbau der alten Römerstadt. Ein Brand im Jahr 1577 ließ nur noch die Hälfte der im 11. Jh. erbauten Kuppelkirche übrig.

**Amphitheater:** Die elliptische Arena (125 x 153 m) hatte ein Fassungsvermögen von 20 000 Personen, so dass zur Römerzeit die gesamte Bevölkerung darin Platz finden konnte.

**Tour de Vésone:** Das bedeutendste Denkmal aus der Römerzeit ist der zentral in einem Park im Süden der Stadt stehende, im 2. Jh. auf dem damaligen Forum errichtete Vesunna-Turm. Er ist 27 m hoch und gehörte mit seinen 20 m Durchmesser zum Allerheiligsten eines Tempels. In diesem Parkareal befindet sich auch **Vesunna,** das **Musée gallo-romain** (tgl. 10–12.30, 14–17 Uhr, Juli/Aug. 10–19 Uhr). Der von Jean Nouvel konzipierte Glasbau umschließt wie eine gigantische Vitrine die Ruinen einer gallo-römischen Villa.

**Musée militaire:** 32, rue des Farges, Mo–So 14–18, Mi/Sa auch 10–12 Uhr.
Das Militärmuseum zeigt Devotionalien und Dokumente von den Feudalfehden über die Kolonialkriege bis zur Résistance.

**Musée du Périgord:** Cours Tourny, tgl. außer Di 10.30–17.30 Uhr, im Winterhalbjahr Mo–Fr 10–17 Uhr und Sa–So 13–18 Uhr, an Feiertagen geschl.
Das in einem ehemaligen Kloster untergebrachte Museum ist v. a. wegen seiner prähistorischen Abteilung bedeutend. Neben dem Skelett des ältesten französischen Neandertalers (ca. 70 000 v. Chr.) sieht man den berühmten »Menschen von Chancelade« (10 000–12 000 v. Chr.), in zusammengekauerter Haltung, wie er bestattet worden ist. Das Museum enthält außerdem eine umfangreiche Antikensammlung, völkerkundliche Säle (Afrika, Amerika, Ozeanien) und Gemälde des 15.–19. Jh.

**Musée du Trompe l'œil:** 5, rue Emile-Combes, Di–Sa 10.30–12.30 und 14.30–18.30, So 15–17.30 Uhr.
Europaweit das einzige Museum über »Augentäuscherei«. Reiche Darbietung von Dekors, Möbeln und anderen Gegenständen. Führungen, Praktika, Verkaufsraum.

## Rue Limogeanne

Die Hauptachse der Altstadt von Périgueux ist eine schmale Gasse. Hier lässt sich genüsslich flanieren, denn aus den historischen Mauern leuchten die Schaufenster feiner und kurioser Läden, die zum Schauen und Shoppen einladen. Mit aufsteigender Nummernfolge:

**La Ferme Périgourdine** (Nr. 9): Großes Käseangebot.
**La Coutellerie** (Nr. 5): Messer und Scheren.
**Sièges Moreau** (Nr. 20): Stühle und Sessel, mehr oder weniger verschnörkelt.
**Librairie Mandragore** (Nr. 21): Belletristik, Kinderbücher, Regionale.
**La Chocolathèque** (Nr. 29): 75 Pralinen- und 100 Bonbonsorten, Nussplätzchen.

## Sport & Freizeit

**Golfplatz:** Saltgourde, Tel. 05 53 53 02 35, Fax 05 53 09 46 29.
Hügeliger 18 Loch-Parcours am Südrand von Chancelade.
**Inline-Skating:** »Voie verte« (grüne Bahn) am Ufer des Isle.

## Einkaufen

**Wochenmarkt** Mi und Sa vormittags auf der Place du Coderc und der Place de la Clautre.
**Stopflebermarkt** (Marché de gras) ab Mitte Nov. bis Ende März Mi und Sa vormittags auf der Place St-Louis.
**Trüffelmarkt** gleichfalls im Winter auf der Place St-Silain.
**Pétrin d'Hélène:** 2, avenue Dumesnil. Mittelalterliche Brotsorten.

## Ausgehen

Im Sommer spielt sich das Nachtleben auf den Straßen und Plätzen ab. Tribünen sind aufgebaut, auf denen Musikbands oder Schauspielgruppen ihre Kunst darbieten. Lokale für Nachtschwärmer:

**Le Jaune Poussin:** 33, rue du Président Wilson.
Das Lokal hat einen großen Tanzsaal (400 m$^2$) mit Bühne für Cabarets und Konzerte. Geboten werden Tanzsoirees mit Buffet, Jazz-Dinners (Sa, jeder zweite Fr), Thé-dansant (So nachmittags).

**The Star Inn:** 17, rue Drapeaux, Mo–Sa 20–1 Uhr (im Sommer 2 Uhr), Mi schon ab 12 Uhr.
Irisches Pub mit englischsprachiger Bibliothek, intime Räumlichkeiten.

**Le VIP:** 2bis, rue Lammary, 18–2 Uhr, So geschl.
Zentral gelegene In-Bar. Leopardenfelle auf den Sesseln, Mangas an der unverputzten Mauer, Formel 1 auf dem Riesenbildschirm – das junge Publikum fühlt sich wohl in dem bizarr dekorierten Gewölbe.

## Feste & Unterhaltung

**Kreuzfahrt auf der Isle:** Kommentierte Stadtgeschichte (50 Minuten). Abfahrt stündlich unterhalb der Kathedrale.

**Theater:** Esplanade du Théâtre, Tel. 05 53 53 18 71.

**Kino:** Cap Cinéma, Place Francheville, 10 Säle.

**Macadam Jazz:** Jeden Di im Juli/Aug. Jazzkonzerte auf Straßen und Plätzen.

**La Truffe d'Argent:** s. S. 19.

**Festival MNOP:** Anfang August tagelang Jazz, Blues, Gospel und Zydeco – d. h. »Musiques de la Nouvelle-Orléans à Périgueux«.

**Mimos:** s. S. 20.

**Sinfonia:** s. S. 20.

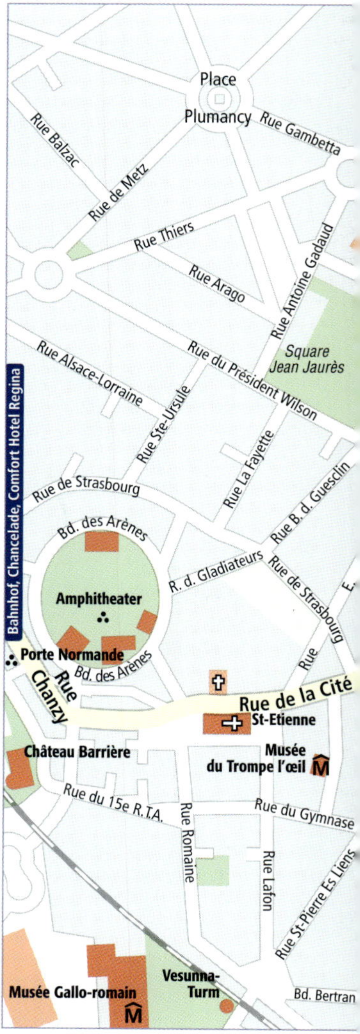


**Semaine des Orgues:** Unter den Kuppeln der Kathedrale und der Eglise St-Etienne im September eine Woche lang zahlreiche Orgelkonzerte.

**Salon du Livre Gourmand:** s. S. 20.

**Office de Tourisme:** 24000 Périgueux, 26, place Franche-

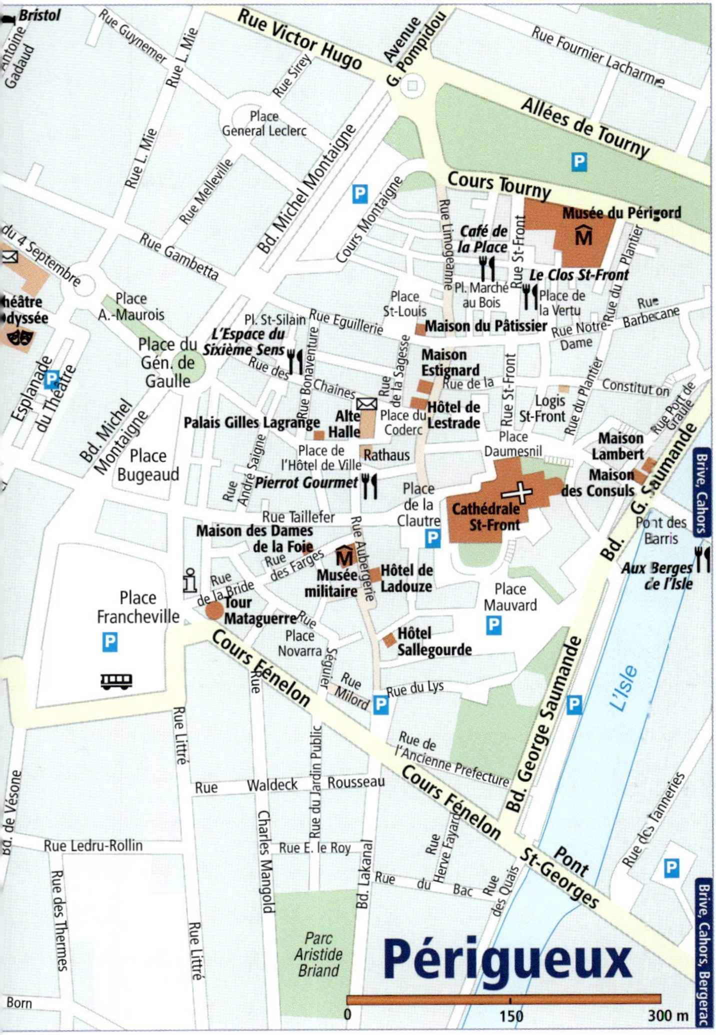


ville, Tel. 05 53 53 10 63, Fax 05 53 09 02 50, www.tourisme-perigueux.fr.

**Comfort Hotel Regina:** 14, rue Denis Pain, Tel. 05 53 08 40 44, Fax 05 53 54 72 44, DZ 53–60.

Dem Bahnhof gegenüber bietet dieses ebenso preiswerte wie angenehme Hotel frisch renovierte, farbenfrohe Zimmer. Traditionelles (d. h. bescheidenes) Frühstück.

**Bristol:** 37, rue Antoine Gadaud, Tel. 05 53 08 75 90, Fax 05 53 07 00 49, www.bristolfrance.com, DZ 69–73 €.

Am westlichen Rand der Altstadt (10 Minuten Fußmarsch zur Kathedrale) liegt das Hotel mit eigenem Parkplatz ruhig in einem Wohnviertel. Geräumige Zimmer, Bad und WC getrennt, ansprechendes Mobiliar.

**... in Chancelade**

**Pont de la Beauronne:** 4, route de Ribérac, Tel. 05 53 08 42 91, DZ bis 42 €.

Logis de France, nur 3 km vom Stadtzentrum in unmittelbarer Nähe des Golfplatzes. Herzliche Atmosphäre und herzhafte Regionalküche.

**Château des Reynats:** Tel. 05 53 03 53 59, Fax 05 53 03 44 84, DZ 140–250 €.

Schlosshotel (4 Sterne) mit subtilem Dekor und hundertjährigem Baumbestand. Eine Kastanienallee führt zur Orangerie (3 Sterne) und den etwas preiswerteren Zimmern. Das hoteleigene Feinschmeckerrestaurant »L'Oison« (1 Michelin-Stern) offeriert Menüs für 45 und 62 €.

**Camping**

**Le Grand Dague:** Atur, Tel. 05 53 04 21 01, Fax 05 53 04 22 01, www.legranddague.fr, Mai bis Mitte Sept.

Der Platz liegt im Süden der Stadt rund um ein altes Bauerngut und bietet modernste (in der Nebensaison beheizte) Sanitäranlagen; auch Chalets und Wohnmobile.

**L'Espace du Sixième Sens:** 6, place St-Silain, Tel. 05 53

**Rue Limogeanne in Périgueux**

09 24 29, So nachmittags und Mo geschl.
Wo unter der Linde die Gartenstühle stehen, ist der mit Straßenlokalen überfüllte Platz noch lauschig. Ideal für den Mittagsimbiss. Es gibt belegte Brötchen (2 €), Salate (8 €), Austern (8 €), dazu offenen Wein, außerdem schöne Desserts. Im Laden stehen Wein und Feinkostkonserven zum Verkauf.

**Pierrot Gourmet :** 6, rue de l'Hôtel de Ville, Tel. 05 53 53 35 32, www.pierrotgourtmet.com, tgl. 10–21 Uhr.
Betritt man dieses Traiteur-Geschäft, so wundert man sich über die aufgeräumte Stimmung. Pierrot – mit Kochmütze und viel Humor – kommt hinter der Theke hervor und serviert seine Köstlichkeiten an einem großen Tisch, an dem der überraschte Passant schnell zum Stammgast reift. Begeistert sind hier Feinschmecker, die es ein bisschen deftig mögen: Andouillettes mit Röstkartoffeln (8 €), Blutwurst an Püree (9 €), Foie gras mit Zwiebelkonfitüre und Gewürzbrot (15 €) etc. pp.

**Le Café de la Place:** 7, place du Marché au Bois, Tel. 05 53 08 21 11.
Pariser Bistro im Stil der 1930er Jahre, stadtbekannter Treff, abends proppenvoll. Man bekommt hier Salate, Omelettes, Steaks und Menüs für 9 (Junior), 17 und 22 €. Klassische französische Küche, speziell das Rindfleisch ist von sehr guter Qualität.

**Aux Berges de l'Isle:** 2, rue Pierre-Magne, Tel. 05 53 09 51 50.
Man sitzt an der Brücke mit Blick auf Fluss und Kathedrale. Licht flutet in den gelb und schilfgrün ausgemalten Raum, und auch die Korbstühle lassen an ein impressionistisches Vorstadtbild denken. Die Bistrot-Karte (5–13 €) bietet perigordinische Omelette und Salatvarianten, die Menüs (21–38 €) edles Fleisch mit raffiniertem Touch, etwa Foie-gras-Soufflé oder Kalbsbries mit Steinpilzen. Der Gast kann im Übrigen die Zahl der Gänge reduzieren und sich sein persönliches Menü zusammenstellen.

**Le Clos Saint-Front:** 5, rue de la Vertu, Tel. 05 53 46 78 58, So abends und Mo geschl.
Die raffinierteste Küche der Stadt und das ohne Schnickschnack und zu sehr anständigen Preisen. Die Menüs, aus der Karte individuell zusammengestellt, kosten je nach Anzahl der Gänge 24 (nur mittags), 32 oder 52 €. Auf die Schiefertafel setzt der Küchenchef je nach Marktangebot und Inspiration seine Tagesgerichte. Ein jeder bekommt

die nötige Beratung und fühlt sich in den ansprechend gestalteten Räumen wie draußen im Garten freundlichst betreut.

**Bahn:** Mehrmals tgl. Züge nach Paris (4 Std.), Bordeaux, Toulouse, Lyon, Sarlat, Limoges.
**Busse:** Ab Bahnhof oder Place Francheville nach Bergerac, Sarlat, Montignac, Brantôme, Ribérac; CFTA-Busse nach Angoulême (TGV-Anschluss Paris); ab Place Montaigne Peribus C nach Chancelade.
**Taxis:** Place Bugeaud und vor dem Bahnhof.

### Ziele in der Umgebung

**Chancelade:** Tgl. 14–19 Uhr.
Am westlichen Stadtrand verbirgt sich im bewaldeten Tal von Beauronne die romanische Abtei von Chancelade. Im 12. Jh. durch einen Einsiedlermönch gegründet, ist Chancelade noch heute eine abgeschiedene Oase.

### Maison de la Truffe

Inmitten trüffelreicher Eichenwälder liegt, 20 km nordöstlich von Périgueux, die verschlafene Ortschaft Sorges (E2). Engagierte Naturschützer leiten das Eco-Musée (Di–So 9.30–12.30 und 14.30–18.30 Uhr, www.truffe-sorges.org), das den Pilz unter vielfältigen Aspekten präsentiert. Zweimal wöchentlich (Di/Do nachmittags) werden Interessierte auch durch eine Trüffelpflanzung geführt. Der Landgasthof Auberge de la Truffe, berühmt für seine Foie-gras- und Trüffelspezialitäten, ist dazu die passende Speiseadresse (Tel. 05 53 05 02 05, www.auberge-de-la-truffe.com, Mo mittags geschl., Menüs für 16–53 €).

## Puy-l'Evêque (F7)

Der Ortsname (*puy* = Höhe, *evêque* = Bischof) erinnert an den Herrschaftsanspruch jenes kirchlichen Lehnsherrn, der die an Katharer (s. S. 12) gefallene Festung zurückerobert und triumphierend »Bischofshöhe« getauft hatte. Die ockergelben Adelshäuser türmen sich zu einer Kulisse auf, die der Donjon (13. Jh.) und die Festungskirche (14. Jh.) krönen. Die schönste Ansicht bietet sich von der Brücke, wo sich das an den Hang gebaute Städtchen (2300 Einw.) pittoresk im Wasser spiegelt.

### Sehenswert

**St-Sauveur:** Festungskirche mit flamboyantgotischem Portal.
**Donjon:** Der 23 m hohe Wehrturm ist ein Relikt der Bischofsburg. Unterhalb führen romantische Gassen und Treppen an mittelalterlichen Schlossfassaden vorbei zum Fluss hinunter.

### Einkaufen

**Wochenmarkt:** Di vormittag, Place de la Truffière.
**Bauernmarkt:** Sa vormittag, Place Georges-Henri.
**Wein:** Zwischen Puy-l'Evêque und Prayssac reihen sich die Weingüter aneinander. Die Öffnungszeiten sind in der Regel Mo–Sa 9–12 und 14.30–19 Uhr. Hier eine kleine Adressauswahl:
**Clos de Gamot:** 2 km östlich, Tel. 05 65 22 40 26. Der klassische Cahors mit seiner unverwechselbaren erdigen Note.
**Château La Coustarelle:** Prayssac, Tel. 05 65 22 40 10. Sehr gehaltvoller Wein, der einige Jahre reifen muss.

**Domaine du Théron:** Le Théron (oberhalb von Prayssac), Tel. 05 65 30 64 51. Ein moderner fruchtiger Cahors.

**Office de Tourisme:** 46700 Puy-l'Evêque, place de la Truffière (unterm Rathaus), Tel. und Fax 05 65 21 37 63, www.puy-leveque.fr.

**Hôtel Henri:** 23, rue du Docteur Rouma, Tel. 05 65 21 32 24, Fax 05 65 30 85 18, DZ 36–48 €. Schlichtes, aber korrektes Hotel am unteren Ortsende. Die schöneren und etwas teureren Zimmer gehen auf den Garten.

**Hôtel Bellevue:** Place de la Truffière, Tel. 05 65 36 06 60, Fax 05 65 36 06 61, www.lothotel-bellevue.com., DZ 61–87 €, Restaurant So abends, Mo und Mi abends geschl.
Der über dem Lot gelegene Neubau trägt seinen Namen ›Schöne Aussicht‹ zu Recht. Geschmackvolle Zimmer von moderner Eleganz, die teureren besonders geräumig. Im Restaurant »Côté Lot« leichte und feine Küche, regional und mediterran, anspruchsvoll auch in den Preisen: Menüs von 25 (mittags) bis 62 €. Günstiger und genauso gut isst man in der **Brasserie »L'Agonit«.**

**Bus:** 5 x tgl. über Prayssac, Albas, Luzech nach Cahors.

## Bilderbuchfestung

Hinter St-Martin-le-Redon (E7) bietet sich von der Straße unvermutet ein fantastischer Blick auf **Château de Bonaguil.** Vor allem für Familien ein lohnender Ausflug. Es geht durch Tore, über Zugbrücken, durch Burggräben und einen unterirdischen Gang. Höhepunkt ist der Aufstieg auf den Donjon, der zusammen mit dem Wohnpalast den historischen Kern der Burg bildet. In der Hauptsaison ist sie bis Mitternacht illuminiert.
15 km westlich von Puy-l'Evêque über Duravel (D 911) und St-Martin-le-Redon, Juni bis Aug. tgl. 10–18 Uhr, sonst 11–13 und 14.30–17 Uhr.

# Ribérac (B2)

Die Hauptstadt des Weißen Périgord (4100 Einw.) ist ein quirliges Städtchen, das über die Region hinaus wegen seiner Märkte bekannt ist. Die Landflucht wird durch einige Industriebetriebe gebremst. Außerdem haben sich seit Jahrzehnten in und um Ribérac viele Briten niedergelassen, die hier die größte englische Kolonie in der ganzen Dordogne bilden. Man trifft sich im Café des Colonnes, das neben der Stiftskirche die Hauptsehenswürdigkeit des Ortes ist. Die interessanteren Gotteshäuser, byzantinische Kuppelkirchen mit Wehrelementen, befinden sich allerdings in den Dörfern ringsum.

### Sehenswert

**La collégiale:** Die schön restaurierte Stiftskirche (11.–14. Jh.) dient oft als feierliche Kulisse für Konzerte und Ausstellungen.
**Café des Colonnes:** 17, pl. du Général de Gaulle. Traditionsbistro (seit 1832) mit Belle-Epoque-Fassade und schwarz livrierten Kellnern, die auch quer über die Straße unter den gegenüberliegenden Platanen servieren.

### Sport & Freizeit

**Baden:** Isle an der Dronne, Grand Etang de la Jemaye.

**Mountainbike:** Das Centre VTT in Montagrier (Tel. 05 53 90 13 25) verleiht Räder und organisiert Touren inklusive Übernachtung.

### Einkaufen

**Großer Markt:** Jeden Fr vormittags in der ganzen Innenstadt.

**Bauernmarkt:** Di Vormittag Place de la Liberté, Do Vormittag Place du Relais.

**Marché au gras:** Nov. bis März Fr in der Salle polyvalente, Geflügel und Foie gras.

### Feste & Unterhaltung

**Musiques et paroles en Ribéracois:** s. S. 19. Infos im Centre Culturel.

**Office de Tourisme:** 24600 Ribérac, Place du Général de Gaulle, Tel. 05 53 90 03 10, Fax 05 53 91 35 13, www.riberac.fr.

**Centre Culturel:** 13, place du Général de Gaulle, Tel. 05 53 92 52 30.

**Hôtel de France:** 3, rue Marc-Dufraisse, Tel. 05 53 90 00 61, Fax 05 53 91 06 05, www.hoteldefranceriberac.com, DZ um 50 €.

An die ehemalige Poststation erinnern die ehrwürdigen Mauern und das dunkle Gebälk dieses zentral gelegenen Traditionshauses, das von Efeu überwachsen ist und einen kleinen Garten hat. Komfortable Zimmer, im Nebengebäude im Stil moderner. Der junge Küchenchef bietet eine kreativ-verfeinerte Regionalküche, verschiedene Foie-gras-Teller, Menüs für 15–24 €.

**Bus:** Mehrmals tgl. nach Angoulême (TGV-Anschluss Paris). Information und Tickets im Office de Tourisme.

### Ziele in der Umgebung

**Circuit des Eglises romanes:** Eine reizvolle Rundfahrt für Liebhaber romanischer Kirchen. Im Süden der Stadt geht es zunächst auf der D 709 nach **St-Martin-de-Ribérac** (zwei Kuppeln) und **Siorac-de-Ribérac** (Kuppel, zwei Türme). Von hier fährt man mit schönen Blicken ins Dronne-Tal auf der D 43 Richtung St-Astier, zweigt aber nach 7,5 km nach **Segonzac** (Kapitelle) ab. Bei Tocane-St-Apre die Dronne überqueren und über **Montagrier** (schöne Hügellage, Absidenkranz) nach **Grand-Brassac** (Zinnen, drei Kuppeln, Skulpturengruppe an der Nordfassade), dem Höhepunkt des Ausflugs. Wieder in Montagrier geht es am rechten Ufer der Dronne über **Villetoureix** (Kuppelreihe) zurück nach Ribérac. Insgesamt 50 km.

Highlight 9

## Rocamadour (H5)

Eine Mischung aus Lourdes und Mont St-Michel erwartet die Besucher, die an Zahl die 630 Einwohner von Rocamadour weit übertreffen. Die Kirchen kleben spektakulär an einem 150 m hohen Steilfelsen, der vom Hochplateau des Causse in die Schlucht des Alzou-Baches abfällt. Im Mittelalter war das Felsennest eine beliebte Wohnstätte für Einsiedler. Bald wurde ein Wallfahrtsort daraus, denn in einer Nische fand sich ein mumifizierter Leichnam, dem Wunder nachgesagt wurden. »Roc amator« (okzitan.: der Felsenliebende) zog Pilger aus ganz Europa an, unter ihnen auch Könige. Die oft von weit her

**Eine Adresse zum gemütlichen Entspannen – das Traditionsbistrot »Café des Colonnes« in Ribérac**

angereisten Büßer trugen schwere Ketten, wenn sie auf wundgescheuerten Knien die 216 Stufen zum Heiligtum hochrutschten. Heute befördern Aufzüge und ein Touristenbähnchen die Gehfaulen direkt ins Zentrum.

## Sehenswert

**Ortsmitte:** Man betritt sie an der Porte de Figuier (13. Jh.) und bummelt dann durch die Hauptstraße an Läden und Restaurants vorbei. Hinter einem zweiten Tor, der Porte Salmon, erreicht man das Rathaus (15. Jh.) und die Pilgertreppe.

**Sanktuarien:** Die große Pilgertreppe führt am Bischofspalais vorbei hinauf zu einem Innenhof, wo sich unter dem Felsüberhang Kirchen und Kapellen ineinander schachteln. Das größte Gebäude ist die romanische Basilika St-Sauveur mit der darunter liegenden Krypta St-Amadour. Links daneben liegt die gotische Chapelle Notre-Dame mit ihrer Schwarzen Madonna, einer 69 cm hohen, verrußten, mit Edelsteinen gekrönten Nussholzfigur (12. Jh.). Gegenüber ist die romanische, mit Fresken (12. Jh.) ausgemalte Chapelle St-Michel tief unter den Felsen gebaut

**Burg:** Ein Kreuzweg schlängelt sich von der Basilika zu den Befestigungsmauern der im 14. Jh. angelegten Burg hoch. Von ihr bietet sich ein großartiger

## Rocher des Aigles

Der ›Adlerfelsen‹ bei der Burg von Rocamadour ist Europas größtes Zentrum für die Aufzucht von tag- und nachtaktiven Greifvögeln. Etwa 100 Vogelbabys kommen hier jährlich zur Welt. Die Klinik ist zugleich eine Station für verletzte Tiere, die hier gepflegt und anschließend wieder in die Freiheit entlassen werden. Jeden Nachmittag gibt es, gleich an der Burgmauer, kommentierte Flugshows mit Adlern, Falken und Geiern. Info: www.rocherdesaigles.com.

Blick auf den Causse, die Schlucht und die Felsenarena von Rocamadour.
**Grotte des Merveilles:** L'Hospitalet, 10–12, 14–18 Uhr, Juli/Aug. 9.30–19 Uhr.
Prähistorische Höhle mit Felszeichnungen.

### Sport & Freizeit

**Wandern:** Der Wanderweg GR 6 führt von Lacave an der Dordogne durchs Ouysse-Tal, vorbei an der Festungsmühle von Cougnaguet, hoch nach Rocamadour (14 km, ca. 5 Std.).
**La Forêt des Singes:** L'Hospitalet Richtung Gramat, tgl. 10–12, 13–17 Uhr, Juli/Aug. 10–18.30 Uhr.
Über 130 Meerkatzen in einem 10 ha großen Waldgrundstück.
**Maison des Abeilles:** L'Hospitalet, an Sonn- und Feiertagen und während der französischen Schulferien (Juli/Aug.) 14.30–17.30/18.30 Uhr.
Professionelle Einblicke ins Leben der Bienen und in den Beruf des Imkers.
**La Borie d'Imbert:** L'Hospitalet, 10–18.30 Uhr.
Bauernhof-Museum mit Chèvrerie-Fromagerie, Bauerngarten und Lehrpfad.

### Feste & Unterhaltung

**Féerie du Rail:** L'Hospitalet, www.la-feerie.com, Juli/Aug. tgl. 9 Vorstellungen.
Son-et-Lumière-Spektakel für Groß und Klein, eine Zeitreise mit 200 Szenen.
**Fête des Fromages Fermiers:** s. S. 18.
**Rassemblement de Mongolfières:** s. S. 20.

**Maison du Tourisme:** 46500 Rocamadour (L'Hospitalet), Tel. 05 65 33 22 00, Fax 05 65 33 22 01, www.rocamadour.com.

**Terminus des Pélerins:** Ortsmitte, Tel. 05 65 33 62 14, Fax 05 65 33 72 10, www.terminus-des-pelerins.com, außer Juli/Aug. Do abends und Fr geschl., DZ 47–49 €.
Das kleine Hotel, mit Natursteinmauern und hervortretenden Balken, bietet ein großartiges Panorama und familiäre Atmosphäre. Im Restaurant spektakuläre Fensterplätze und gute Entengerichte (hausgemachtes Cassoulet!).
**Sainte-Marie:** Place de Senhals, Tel. 05 65 33 63 07, www.hotel-sainte-marie.fr, DZ 49–57 €.
Alle Zimmer, zum Teil renoviert, gehen aufs Tal hinaus und sind tadellos ruhig. Im Restaurant gute Terrinen, hausgemachtes Cassoulet, Quercy-Lamm. Mit seiner hoch gelegenen Terrasse und der günstigen Brasserie-Karte (15 €) von schnellen Mittagsgästen frequentiert.
**Le Beau Site:** Ortsmitte, Tel. 05 65 33 63 08, Fax 05 65 33 65 23, www.bw-beausite.com, DZ 49–93 €.
Rocamadours beste Adresse, einst das Haus eines Malteserritters, empfängt

seine Gäste mit mittelalterlichem Pathos. Über Steinfliesen und eine holzgeschnitzte Treppe gelangt man in individualisierte Komfortzimmer. Das Restaurant gibt sich ebenso traditionell wie kreativ: Foie gras mit Lammbries.

**… in Gramat**

**Le Relais des Gourmands:** 2, avenue de la Gare, Tel. 05 65 38 83 92, Fax 05 65 38 70 99, Mo mittags und So abends geschl., Menü 16,18, 27 €. Das Bahnhofshotel von Gramat bietet seit Jahren eine raffinierte Regionalküche zu sehr korrekten Preisen. Auch eine interessante Weinkarte. Ein Platz zum Wohlfühlen.

**Camping**

**Chez Gaby:** 2,5 km Richtung Couzou (D 32) in Magès, Tel. 05 65 33 65 17, geöffnet April bis Okt.
Über den Tälern des Alzou und der Ouysse mitten in der Causse-Landschaft.

**Bahn:** Der Bahnhof Rocamadour-Padirac liegt 4 km östlich an den Linien Brive–Toulouse, Brive–Rodez (jeweils über Figeac und 4–5 Verbindungen tgl.).

### Ziele in der Umgebung

**Gouffre de Padirac (J5):** 15 km östlich, an der Strecke nach St-Céré (D 673), liegt unter den Ziegenweiden ein Naturkunstwerk verborgen. Mehrere Aufzüge bringen die Besucher über einen Schacht 110 m tief in eine gigantische Galerie hinunter. Sie wurde von einem unterirdischen Fluss ausgehöhlt, dessen Ursprung bis heute ein Rätsel bleibt. Auf Flachbooten gleitet man etwa 600 m weit ins Innere, dann geht es zu Fuß durch kathedralhohe Höhlensäle mit fantastischen Sinterbildungen. Geöffnet April bis Okt. tgl. 9–12 und 14–18 Uhr, Juli 8.30–13.30 Uhr, Aug. 8–19 Uhr. Zur Hauptsaison wird der Massenandrang durch gestaffelte Kartenausgabe bewältigt.

**Festungsmühle von Cougnaguet:** Knapp 10 km westlich, unweit der Straße nach Peyrac (D 673). Zwischen eindrucksvollen Kletterfelsen staut sich der Ouysse-Bach oberhalb der Mühle, die im 14. Jh. von Zisterziensermönchen erbaut wurde und bis 1959 in Betrieb war. Man kann im Inneren den abgetrennten Wohnbereich durchqueren und unten bei einer Demonstration die vier Mühlsteine in Aktion sehen. Besichtigung tgl. 10–12, 14–18 Uhr.

## La Roque-Gageac (F5)

Dichtgestaffelt ducken sich die Häuser des Dorfes (450 Einw.) unter dem Felsüberhang, und das kräftige Ocker der Wände spiegelt sich, von der Abendsonne illuminiert, im Fluss. Dieses malerische Bild schmückt unzählige Postkarten, Poster und Reiseführer und gehört unbestritten zu den schönsten Dorfansichten der Dordogne. Einst ein wichtiger Gabare-Hafen, ist La Roque-Gageac heute ein beliebter Halt für Kanu- und Kajakwanderer. Sie finden an der Uferstraße die üblichen Bars und Geschäfte, weiter hinten aber zauberhafte Winkel mit Palmen und Farnbäumen.

### Sehenswert

**Manoir de Tarde:** Direkt an den Überhang gebautes Renaissanceschlösschen, Residenz des Universalgelehrten Jean de Tarde (1561–1636).

**Fort Troglodytique:** Die schon im 12. Jh. in den Fels gebaute Höhlenfestung (tgl. 10–19 Uhr), über eine Leiter hinter dem Portal des Manoir de Tarde zu erreichen, diente den Bischöfen von Sarlat als letzte Zuflucht vor Feinden und widerstand während des Hundertjährigen Krieges allen Angriffen.

## Sport & Freizeit

**Baden:** Flussaufwärts liegt der Naturstrand Les Pendoilles sehr erfrischend ist der Céou-Bach südlich von Castelnaud.
**Fesselballon (mongolfière):** Clos Saint-Donat (östliche Ortseinfahrt), Tel. 05 53 28 18 58, www.perigord balloons.com; außerdem Tel. 05 53 28 18 58, mongolfière-du-perigord.com. Flüge (1–2 Std.) ganzjährig, Reservierung erforderlich.
**Kanu/Kajak:** *Canoë Dordogne,* Tel. 05 53 29 58 50, www.canoedordogne.com; *Canoë Vacances,* Tel. 05 53 28 17 07. Abfahrt bis St-Vincent-de-Cosse bzw. Milandes (9 km, etwa 2 Std.), auch Touren ab Carsac.

### Gabare-Fahrt

Von besonderem Reiz sind die Gabare-Fahrten (ab Beynac, Bergerac, La Roque-Gageac), die in langsamere Zeiten zurückversetzen und dabei auch die Augen für die Landschaft öffnen. Man benutzt dazu die historischen Flachbodenschiffe, die noch vor hundert Jahren schwer beladen den Wildfluss hinabglitten. Diese *gabares* waren 8 bis 20 m lang, liefen vorne spitz zu und hatten am breiten Heck ein langes Steuerruder. Es war das wichtigste Instrument, denn die Fortbewegung besorgte die Strömung. Nur zum Manövrieren und Beschleunigen wurden die vorne eingelegten Ruder benutzt.

**Gabare-Fahrt:** Gabares Caminades, Tel. 05 53 29 40 95, oder Les Gabares Norbert, Tel. 05 53 29 40 44, www.norbert.fr.
Besichtigungsfahrt (1 Std.) bis Castelnaud und zurück, Abfahrt zwischen 10 und 18 Uhr jede halbe Stunde.

## Einkaufen

**Markt:** Juni bis Sept. jeden Fr auf dem Platz.
An der Uferstraße diverse **Touristenläden** (Wein, Keramik, Textilien).

**Office de Tourisme Intercommunal du Périgord Noir:** 24250 La Roque-Gageac, auf dem Parkplatz, Tel. 05 53 29 17 01, www.cc-perigord-noir.fr.

**La Belle-Etoile:** Uferstraße, Tel. 05 53 29 51 44, Fax 05 53 29 45 63, hotel. belle-etoile@wanadoo, DZ 50–75 €, Restaurant Mo und Mi mittags geschl. Gediegenes Familienhotel mit stilvoll eingerichteten Räumen. Entzückend die von Weinlaub überrankte Terrasse direkt über der Dordogne. Sie ist der lauschigste Platz am Ort, an dem auch Ausflügler gerne verweilen (Menü 24–39 €). Die Qualität der verwendeten Produkte ist das A und O der Küche.

**L'Ancre d'Or:** Uferstraße, Tel. 05 53 31 27 66.
An der Stiege zum Fort Troglodytique serviert man preiswerte Imbissteller mit regionalen Klassikern. Man sitzt abseits vom Verkehr im 1. Stock, auf der Terrasse mit Blick auf Fluss und Felsüberhang.

## Ziele in der Umgebung

**Garten von Marqueyssac:** 3 km westlich (D 703), www.marqueyssac.

**Unter einem Felsüberhang gedrängt: La Roque-Gageac**

com, März bis Nov. tgl. 10–18 Uhr, Mai bis Sept. 10–19 Uhr, Juli/Aug. 9–20 Uhr (Do Abend im Kerzenlicht).
1,5 Std. langer genussreicher Spaziergang. Flussabwärts auf einer Anhöhe liegt dieser 22 ha große Park, den im 17. Jh. ein Schüler des Gartenarchitekten Le Nôtre als französischen Schlossgarten angelegt und 200 Jahre später der Eigentümer Julien de Cerval nach italienischen Vorbildern neu gestaltet hat. Nostalgische Spielplätze, ein Labyrinth für Kinder und eine Kletterschule. Vor dem Ausgang Museumsshop und Salon de Thé mit Blick auf Schloss Beynac.

## St-Céré (J5)

Kaum 10 km von Castelnau entfernt erhebt sich im Tal der Bave die zierliche Kulisse von Château de St-Laurent-les-Tours. Mit ihren beiden viereckigen Bergfrieden (13. und 15. Jh.) gehört sie zur unverwechselbaren Kulisse von St-Céré, einem schmucken Städtchen (3800 Einw.) im äußersten Osten des Quercy. In der Altstadt zeugen noch heute zahlreiche Bürgerhäuser aus dem 15. bis 17. Jh. vom einstigen Wohlstand. Touristen lieben den immer noch beschaulichen Marktplatz, wo der Blick von den Caféterrassen über den plätschernden Brunnen auf Fachwerkfassaden und vorspringende Ecktürmchen fällt. Darüber hinaus gibt es ein hochwertiges Kulturprogramm, das von Lurçats sensationellen Wandteppichen bis zum alljährlichen Musikfestival reicht.

## Sehenswert

**Eglise Ste-Spérie:** Gotische Stadtkirche (15. Jh.).

**Rue du Mazel:** In der einstigen Metzgerzeile findet man noch heute alte Häuser mit schönen Portalen, unter ihnen das Hôtel Ambert (15./16. Jh.).

**Place du Mercadial:** Rund um den Brunnen laden zahlreiche Cafés zum Verweilen auf diesem früheren Marktplatz ein, der ein schmuckes Ensemble spätmittelalterlicher Bürgerhäuser bewahrt hat. Neben dem Haus der Konsuln (16. Jh.) ist das Stammhaus des Händlers Jean de Séguirier (15. Jh.) besonders originell. Zum Ladengeschoss gehört der ums Eck springende Steintisch *(taoulié)*, ein Verkaufsstand, auf dem der Vizegraf von Turenne die berühmte Steuerbefreiungscharta (1480) unterzeichnet haben soll.

**Atelier-musée Jean Lurçat:** Auf der Burg, Kar- und Osterwoche sowie Juli bis Sept. tgl. 9.30–12 und 14.30–18.30 Uhr.

Nach dem Zweiten Weltkrieg hat Jean Lurçat in der Burg sein Atelier eingerichtet. Die Arbeitsatmosphäre und die Aufbruchstimmung, die Lurçat mit seinen kubistischen und surrealistischen Malerkollegen teilte, werden hier vermittelt. Einführender Videofilm, Wandteppiche mit Bildvorlagen, auch Ölbilder und Mosaiken. Aus dem schönen Garten blickt man auf St-Céré.

**Galérie d'Art du Casino:** Avenue Jean Mouliérat, außerhalb der Saison Di geschl.

Ein Café mit interessanten Wechselausstellungen und einigen der schönsten Wandteppiche Lurçats als Dauerexponaten.

**Château de Montal:** Am Westrand der Stadt an der Straße nach Rocamadour (D 673), Palmsonntag bis Allerheiligen tgl. außer Sa 9.30–12 und 14.30–18 Uhr.

Hinter der schmucken Renaissancefassade des Schlosses (16. Jh.), in dem während des letzten Krieges Leonardos »La Gioconda« (Mona Lisa) versteckt war, sind heute wertvolle Möbel und Gobelins verborgen.

## Sport & Freizeit

**Lac de Tolerme:** 20 km südöstlich von St-Céré liegt der größte See des Departements (38 ha), den man bergan über die D 30 erreicht. Badeplätze, Wasserrutschen, Ruder- und Tretboote, Kanus, Surfbretter, Spazierwege und Trimmparcours.

**Golf des Trois-Vallées:** Nähe Château de Montal, Tel. 05 65 10 83 09, 9 Löcher.

## Feste & Unterhaltung

**Festival lyrique de St-Céré et du Haut-Quercy:** s. S. 20.

**Office de Tourisme:** Place de la République, Tel. 05 65 38 11 85, Fax 05 65 38 38 71, saint-cere@wanadoo.fr.

**Le Victor Hugo:** 7, avenue Maquis, Tel. 05 65 38 16 15, Fax 05 65 38 39 91, www.hotel-victor-hugo.fr, DZ 42–46 €, Restaurant Mo geschl.

Hübsches Fachwerkhaus am Flussufer, zentral gelegen, ordentliche Zimmer, freundliche Atmosphäre.

**Hôtel de France:** 139, avenue François de Maynard, Tel. 05 65 38 02 16, Fax 05 65 38 02 98,

www.lefrance-hotel.com, Nov.–Ostern geschl., DZ 49–53 €.
Das beste Hotel am Ort zentrumsnah gelegen – mit süperbem Salon sowie einigen schönen Zimmern auf den Garten hinaus. Das Restaurant, in der Regel nur abends geöffnet (So/Mo auch mittags), offeriert eine täglich wechselnde Karte mit marktfrischen Gerichten und Menüs von 22–38 €.

**Camping**
**Le Soulhol:** Quai Salesses, Tel./Fax 05 65 38 12 37, www.campinglesoulhol.com, geöffnet Mai bis Sept.
Nicht weit vom Stadtzentrum am schattigen Flussufer.

**Latino's Café:** Place Anatole-de-Monzie, Tel. 05 65 10 86 90, So mittags geschl.
Salate und Gegrilltes auf der Sonnenterrasse. Während des Musikfestivals sitzen hier gerne die Künstler, die nebenan in der Usine proben.
**Trois Soleils de Montal:** 2 km Richtung Gramat (D 673), Tel. 05 65 10 16 16, So abends bis Di mittags geschl.
Das Sternelokal, in unmittelbarer Nähe des Château de Montal, erfreut mit stilvollem Interieur, schöner Terrasse und Park. Die Speisekarte, am frischen Marktangebot ausgerichtet, wechselt häufig. Menüs von 27 € (mittags während der Woche) bis 68 €, Kindermenü 14,50 €.

**Bus:** Mehrmals tgl. von und nach Bretenoux-Biars, Cahors und Figeac.

### Ziele in der Umgebung

**Grotte de Presque (J5):** 5 km hinter St-Céré an der Straße nach Rocamadour (D 673), www.grottesdepresque.com, Mitte Feb. bis Mitte Nov. 9.30–12 und 14–18 Uhr, Juli/Aug. 9.30–18.30 Uhr.
Die 350 m lange Höhle von Presque zeigt in ihrem verzweigten Netz von Sälen und Gängen säulen- und kaskadenförmig aufgetürmte Sintergebilde. Zahlreiche Stalagmiten sind bis zu 10 m hoch.
**Cirque d'Autoire (J5):** Die ehemalige Adels- und Bürgerresidenz liegt zwischen Weinbergen und Nussbaumhainen in einem von Kalkfelsen eingefassten Tal. Vorbei an viereckigen Taubenhäusern, vorkragenden Fassaden, spitzen Schindeldächern und Rundtürmchen aller Art kann man vom Kirchplatz die Aussicht auf die Mühle von Limargue und den Felsen-Cirque genießen. Ein Fußweg führt aus dem Dorf in den Talschluss, wo ein 30 m hoher Wasserfall seinen Schleier entfaltet.

## St-Cirq-Lapopie (H8)

Zu Beginn des letzten Jahrhunderts entdeckten Pariser Künstler das romantische Dorf, das heute unter Denkmalschutz steht und gerade mal 200 Einwohner hat. Wie ein Adlernest schmiegt es sich gut 80 m über dem Lot an eine Felswand, die in der Ruine der ehemaligen Festung gipfelt. Man steigt die von Blumen gesäumte Gasse hoch und bewundert die kunstvoll übereinander gestaffelten Häuser mit ihren vorspringenden Fachwerkfassaden, den Taubentürmen, den mit Säulchen unterteilten Renaissancefenstern. Neben der letzten Drechslerwerkstatt warten die Ateliers von Kunsthandwerkern, Feinkostläden und Café-Restaurants auf Besucher, die im Sommer in Scharen hierher pilgern.

## St-Cirq-Lapopie

### Sehenswert

**Château de la Gardette:** Burgwache (15. Jh.) mit Kunstmuseum (Musée Rignault, Mi–Mo 10–12.30 und 14.30–18 Uhr). Hier gibt es regelmäßig interessante Wechselausstellungen.
**La Popie:** Aussichtsfelsen mit Resten der alten Festung.
**Panoramastraße:** Oberhalb des Ortes führt die D 40 mit spektakulären Talblicken nach Bouziès hinunter.

### Sport & Freizeit

**Ausflugsschiffe:** »Les Falaises de Bouziès« ab Bouziès nach St-Cirq-Lapopie (1,5 Std.); »Le Schmilblic« ab Cajarc: kommentierte Rundfahrt (1 Std. 15 Min.).
**Kanubasen:** *Kalapca Loisirs,* am Strand St-Cirq, Tel. 05 65 30 29 51, www.kalapca.com; *Les Amis du Célé,* Le Liauzu, Tel. 05 65 31 26 73, www.amisducele.com. Auch Klettern, Canyoning, Späleologie, Mountainbike, Wandertouren.

### Einkaufen

**Feinkost und Kunsthandwerk:** Rechts und links der Gasse locken teure Edelprodukte in schicken Boutique und originellen Läden.
**Markt:** Im Juli/Aug. Mi Vormittag.

### Feste & Unterhaltung

**Africajarc:** s. S. 19.
**Fête du Safran:** s. S. 20.

**Office de Tourisme:** 46330 Saint-Cirq Lapopie, Place du Sombral, Tel. 05 65 31 29 06, Fax 05 65 31 29 06, www.saint-cirqlapopie.com.

**Les Gabarres:** In Tour-de-Faure, Tel. 05 65 30 24 57, Fax 05 65 30 25 85, DZ 48–50 €. Wenn man im Tal von der D 662 auf die Bergstraße nach St-Cirq abzweigt, liegt gleich bei der Lot-Brücke dieser schlichte Bau mit Zimmern direkt zum Pool.
**Auberge du Sombral:** Place du Sombral, Tel. 05 65 31 26 08, Fax 05 65 30 26 37, DZ 68–75 €. Gegenüber dem Tourismusbüro beweisen die jungen Leute der beliebten Auberge, dass Romantik nicht teuer sein muss. Acht adrett eingerichtete Doppelzimmer in den oberen Etagen und schnuckelige Salons im Erdgeschoss.
**La Pélissaria:** Im unteren Ortsteil, Tel. 05 65 31 25 14, Fax 05 65 30 25 52, 76–116 €.
Das mittelalterliche Haus war eine Geheimadresse der französischen Schickeria, als Mitterrand hier wiederholt logierte und sich zum Tête-à-Tête mit Françoise Sagan traf. Die äußerst stilvoll eingerichteten Zimmer sind etwas für Liebespaare, die daran denken, rechtzeitig vorzubestellen.

### Camping

**La Plage:** Tel. 05 65 30 29 51, Fax 05 65 30 26 48, www.campingplage.com, ganzjährig geöffnet.

### Treidelpfad

Hinter dem Bootsanleger von Bouziès weisen Schilder unter die Eisenbahnbrücke, wo ein ehemaliger Treidelpfad *(chemin de halage)* in rund 1,5 Std. bis nach St-Cirq-Lapopie führt. 1843 bis 1847 wurde der Weg in den überhängenden Steilfelsen gesprengt, heute ist er eine wildromantische Wanderroute, auf der sich Schwalben und Wanderfalken beobachten lassen.

Unterhalb von St-Cirq-Lapopie verbindet dieser Campingplatz, direkt am Lot gelegen, die traumhafte Lage mit einer breiten Palette von Sportmöglichkeiten. Überwachter Badeplatz, Kanubasis, Verleih von Mountainbikes; auch Reiten und Klettern im Programm.

**Lou Boulat:** 100 m vom oberen Parkplatz, Tel. 05 65 30 29 04.
Man sitzt auf der Terrasse mit erhebender Aussicht auf die Dächer St-Cirqs und lässt sich die nach Landesart (mit Steinpilzen, Cabecou oder Honig und Nüssen belegten) Galettes schmecken. Es gibt auch Menüs ab 16 €.

**Le Gourmet Quercynois:** Rue de la Peyrolerie, Tel. 05 65 31 21 20, Mi mittags geschl.
Nur wenige Minuten vom Parkplatz entfernt führt eine steile Treppe aus der weinumrankten Gasse ins Hochparterre eines historischen Hauses. Lauschige Plätze am Kamin oder auf der winzigen Terrasse. Durchaus raffinierte Regionalküche mit Foie-gras-Schnitzel in Balsamico-Essig gebraten. Menüs ab 15,50 €, Lunch 12,80 €, Kindermenü 9 €. Im Erdgeschoss ein kleines Weinmuseum.

**Bus:** 4 x tgl. Cahors–Figeac und umgekehrt mit Halt in Bouziès, Tour-de-Faure, Cajarc.

## Ziele in der Umgebung

**Oberes Lot-Tal (J8–K7):** Vergleichbar malerisch, folgen flussaufwärts eine Reihe von Burgen und Dörfern, die sich in ähnlicher Steillage befinden. 5 km entfernt, erreicht man auf der D 8 das 70 m über dem Tal liegende Château de Cenevières (tgl. 10–12, 14–18 Uhr), das wohl schönste Schloss im Lot-Tal. Eine Flussschleife weiter droht das Dorf Calvignac förmlich von der Felswand zu rutschen. Hinter Cajarc auf der D 662 weiter am Lot-Ufer entlang, bieten der Felsvorsprung des Saut de la Mounine und – gegenüber – das Felsendorf Monbrun erneut spektakuläre Ansichten. Wenig später scheint die schlanke Kulisse von Château de Larroque-Toirac (im Sommer 10–12, 14–18 Uhr) förmlich aus der rückwärtigen Felswand herauszuwachsen. Ein hübscher Halb- oder Ganztagesausflug, auf dem immer wieder Taubentürme überraschen.

## Highlight 10

**Höhle von Pech-Merle (H7):** Nur knapp 10 km von Saint-Cirq entfernt liegt Im Paralleltal des Célé der idyllische Ort Cabreret. 3 km oberhalb des Dorfs erreicht man Pech-Merle, eine Tropfsteinhöhle, in der sich ca. 80 Felszeichnungen und -malereien befinden, darunter das Schwarze Fries (17 000 Jahre alt) – ein rhythmisches Ineinander von Mammuts, Auerochsen, Wisenten und einem Pferd – sowie das noch ältere Pferdefries (vor 24 600 Jahren entstanden) mit seinen lebensgroßen schwarz gefleckten Tieren. Vorbestellung unerlässlich (Tel. 05 65 31 27 05), April bis Allerheiligen Kartenverkauf tgl. 9.30–12 und 13.30–17 Uhr, Einlass eine halbe Stunde später. Info: www.pechmerle.com.

**Musée de plein air Cuzals:** Im Célé-Tal noch 5 km weiter flussaufwärts, Mai bis Sept. Mi–So 14–18 Uhr, Juli/Aug. tgl. 11–19 Uhr, mit Café und Kinderspielplatz.
Freilichtmuseum *(musée de plein air)*, das auf 50 ha rund um eine Schlossruine die ländlichen Arbeits- und Lebensverhältnisse ›von damals‹ dokumentiert.

11

Highlight

## Sarlat (F5)

Die Perle unter den Städten der Dordogne (10 500 Einw.) liegt etwa 10 km nördlich des Flusses inmitten bewaldeter Hügel. Sarlats ockergelbe Renaissance-Fassaden gehören zu den prägnantesten Eindrücken, die man aus dem Périgord mit nach Hause nimmt. Sie spiegeln den Stolz der Adelsfamilien und Kaufleute, die sich unter der Doppelherrschaft von Abt und Stadtkonsuln um die Macht stritten. Heute ist die Altstadt, die als geschlossenes Ensemble erhalten blieb, eine schicke Fußgängerzone mit Delikatessenläden und Edelboutiquen, an denen Ströme von Touristen (jährlich eine Million!) vorüberziehen. Vor allem an Sommerabenden, unter der stimmungsvollen Beleuchtung der Gaslaternen, entfaltet Sarlat seinen Zauber. Aus Seitengassen und Innenhöfen werden dann romantische Interieurs, in denen Straßenkünstler den speisenden Gästen aufspielen.

### Sehenswert

**Maison de La Boétie:** Place du Peyrou. Prunkvolles Bürgerhaus im Stil der italienischen Renaissance, 1520–25 vom Vater des Schriftstellers Etienne de La Boétie errichtet.

**Kathedrale St-Sacerdos:** Die dreischiffige Basilika ist mit ihrer zwiebelförmigen Laterne im Stadtbild allgegenwärtig. Durch die rechte Seitentür gelangt man in einen hübschen Innenhof mit Resten des alten Kreuzgangs. Unter einem Torbogen hindurch kommt man in den Brunnenhof (Cour des Fontaines). Links um die Ecke stoßen im Stiftsherrenhof (Cour des Chanoines) Fachwerkhäuser an die Büßerkapelle.

**Lanterne des Morts:** Rätselhafter ›Zuckerhut‹ (12. Jh.) hinter der Kathedrale, vielleicht eine Totenkapelle.

**Présidial:** Ehemals Sitz der königlichen Justiz, Stadtpalast (16. Jh.) mit halbkreisförmiger Loggia und einem kampanileartigen Dachreiter.

**Place de la Liberté:** Der Rathausplatz bildet gegenüber dem Kathedralenviertel seit alters das zweite, weltliche Zentrum Sarlats. Das heutige Rathaus (17. Jh.) ist der Nachfolgebau des 400 Jahre früher errichteten Hauses der Stadtkonsuln. Das Fremdenverkehrsbüro befindet sich im Erdgeschoss eines zurückspringenden Renaissancepalais, des Hôtel de Vienne oder auch Hôtel de Maleville (16. Jh.).

**Place des Oies:** Vorbei an der ehemaligen Kirche Ste-Marie (15. Jh., heute Markthalle), kommt man in einen entzückenden Winkel mit Federvieh aus Bronze, dem ›Gänseplatz‹. Vor der schmucken Kulisse historischer Palais werden hier im Winter (Nov. bis März) die berühmten Gänsespezialitäten verkauft. Unter den historischen Bauten ist das Hôtel Plamon (14.–15. Jh.), das Haus einer Tuchhändlerfamilie, auch wegen seiner Holztreppe (17. Jh.) im Innenhof besonders sehenswert.

**Rue de la République:** Die Hauptgeschäftsstraße, 1840 in die mittelalterliche Altstadt geschlagen, durchquert Sarlat als moderner Boulevard.

### Sport & Freizeit

**Autorail Espérance:** Kommentierte Ausflugsfahrt mit Degustation. Der Triebwagen verkehrt im Juli/Aug. tgl. um 9.59 Uhr ab Bahnhof Sarlat, Rückkehr von Bergerac nach Wahl. Reservierung: Tel. 05 53 59 55 39.

### Einkaufen

**Markt:** Place de la Liberté, Mi und Sa 8.30–13 Uhr.

**Erholung vom Sightseeing – auf der Place de la Liberté in Sarlat**

Berühmtester Markt des Périgord, eine Revue der Köstlichkeiten. Die Markthalle *(marché couvert)*, in der ehemaligen Kirche Ste-Marie, hat außer Mo tgl. 8.30–13 Uhr geöffnet.

**Lagrèze** und **La Table Périgourdine:** Place du Peyrou. Zwei renommierte Feinkostläden mit großer Auswahl an Edelkonserven, Geschenkpackungen.

**Pâtisserie Mertz:** 33, rue de la République. Obsttörtchen, Krokantgebäck und deliziöse ›Dachziegel‹ *(lauzes de Périgord)*.

**Distillerie du Périgord:** Place de la Liberté, Tel. 05 53 59 31 10. Nusslikör und Obstschnäpse aus eigener Herstellung, auch mit eingelegten Früchten. Besonders begehrt sind die entkernten Weichseln *(guinettes)*.

**Au Plaisir d'offrir:** Place de la Liberté. Große Auswahl an Qualitätsmessern.

## Ausgehen

An Sommerabenden, unter der stimmungsvollen Beleuchtung der Gaslaternen, entfaltet Sarlat einen speziellen Zauber, der viele Touristen noch einmal in die Stadt lockt.

**L'Entracte:** Place de la Liberté,
tgl. bis 2 Uhr.
Tagsüber von der Terrasse Blick auf Passanten und Straßenkomödianten, am Abend auf die angestrahlte Altstadt.

**Le Pub:** 1, passage de Gérard du Barry (Zugang Rue Fénelon).
Im historischen Hôtel de Gérard ab 19 Uhr (Juli/Aug. ab 17 Uhr) Musik und große Auswahl an Getränken.

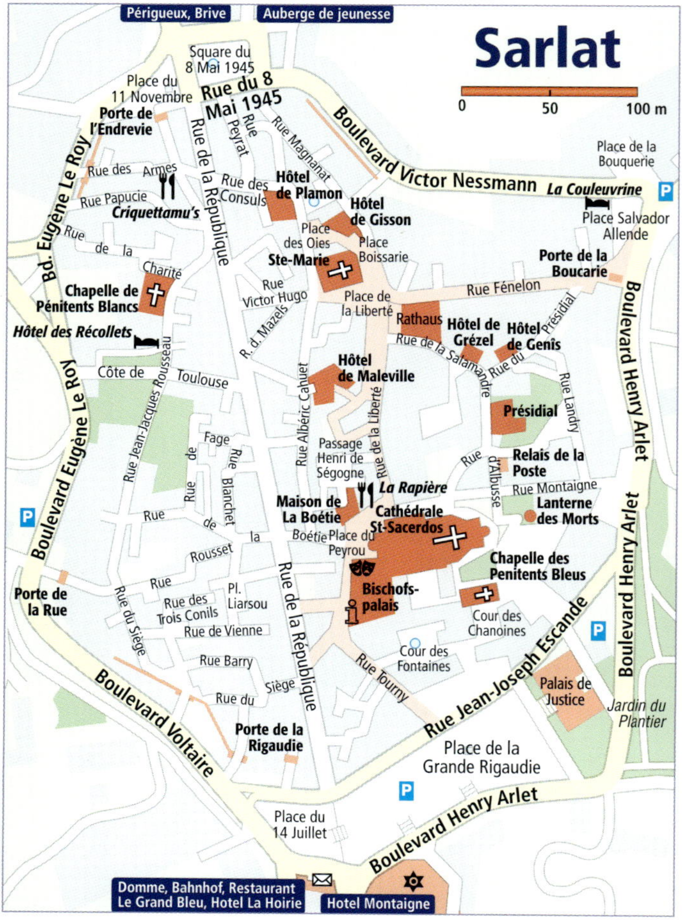


**Central Café:** 19, rue de la République, tgl. 8–1 Uhr (im Sommer bis 2 Uhr). Das Cybercafé von Sarlat.

## Feste & Unterhaltung

**La Félibrée:** 1. So im Juli. Großes perigordinisches Trachtenfest.

**Festival des Jeux du Théâtre:** www.festival-theatre-sarlat.com, s. S. 20.

**Festival du Film:** Wochenende vor dem 11.11. Für französische Cinéasten ein wichtiger Termin.

**Office de Tourisme:** 24200 Sarlat, Rue Tourny, Tel. 05 53 31 45 45, www.ot-sarlat-perigord.fr.

**Montaigne:** Place Pasteur, Tel. 05 53 31 55 55, Fax 05 53 59 19 99, www.hotelmontaigne.fr, DZ 50–58 €.
Am Rand der Altstadt verbergen sich hinter dieser Prunkfassade hübsche, komfortable Hotelzimmer. Schöne Frühstücksveranda.

**La Couleuvrine:** 1, place de la Bouquerie, Tel. 05 53 59 27 80, Fax 05 53 31 26 83, www.la-couleuvrine.com, DZ 50–58 €.
Natursteinmauern, Balken, ein monumentaler Kamin, Stilmöbel – der Hauch der Geschichte umfängt den Gast. In einen Turm der Stadtmauer integriert, gehört das gepflegte Haus zum Typus Romantikhotel. Auch die Küche ist gediegen bis ambitioniert. Menüs ab 19 €, Kindermenü 9 €.

**Hôtel des Récollets:** 4, rue Jean-Jacques Rousseau, Tel. 05 53 31 36 00, Fax 05 53 30 32 62, www.hotel-recollets-sarlat.com, DZ 43–65 €.
Außerhalb des Touristengetümmels liegt das Hotel still im Westteil der Altstadt. Das ehemalige Rekollektenkloster wurde den modernen Komfortansprüchen entsprechend umgebaut. Ungestörter Schlaf in wohnlichen ›Zellen‹, charmantes Frühstück im Innenhof oder unter dem Gewölbe.

**La Hoirie:** Rue Marcel Cerdan, Tel. 05 53 59 05 62, Fax 05 53 31 13 90, www.lahoirie.com, DZ 70–104 €.
Ehemaliges Jagdhaus, 1 km südlich in einem stillen Park gelegen. Sehr freundlicher Empfang, Pool, stilvoll eingerichtete Zimmer. Auch eine kulinarisch interessante Adresse (Restaurant nur abends, Di Ruhetag).

**Auberge de jeunesse:** 77, avenue de Selvès, Tel. 05 53 59 47 59.
Stadtnah, drei Schlafsäle, 32 Betten.

In der Fußgängerzone häufen sich die touristischen Straßenlokale, die vor allem Kulisse bieten und neppverdächtig sind. Man bekommt dort ›günstig‹ falsche Foie gras und sonstiges Périgord-Food. Zu empfehlen:

**Criquettamu's:** 5, rue des Armes, Tel. 05 53 59 48 10, außerhalb der Saison Mo geschl.
Sympathische Adresse in der Nordwestecke der Stadt. Gänse- und Entenspezialitäten mit modernem Pfiff – man wählt das Angebot für 12 € oder das Menü für 14 € und tafelt auf Gemälden.

**Le Grand Bleu:** 43, avenue de la Gare, Tel. 05 53 31 08 48, Mo und Sa mittags geschl.
Bahnhofsnah bietet dieses adrette Lokal feine Fischgerichte. Die Menüs (zwischen 21 und 40 €) überraschen mit Langustenravioli, Honigdorade und getrüffeltem Meerneunauge. Auch sehr gute Desserts.

**La Rapière:** Place du Peyrou, Tel. 05 53 59 03 13, außerhalb der Saison So geschl.
Historisches Bürgerhaus vor der Kathedrale mit einladenden Speisesälen und einer Terrasse. Das Tagesangebot des Marktes bestimmt die Menüs, die zwischen 15 € (nur mittags) und 58 € angesiedelt sind.

**Bahn:** 10 x tgl. Züge nach Lalinde/Bergerac/Libourne; nach Les Eyzies/Périgueux in Le Buisson umsteigen.

**Bus:** Regelmäßig Bahnbusse nach Souillac, Mo–Fr jeden Morgen CFTA-Busse nach Brive und Périgueux, außerdem Pendelbusse nach Le Buisson (Bahnlinie Agen–Périgueux).

**Taxi:** Tel. 05 53 59 02 43 oder 05 53 59 39 65.

## Ziele in der Umgebung

**Moulin de la Tour (G5):** Bei Sainte-Nathalène, 10 km nordöstlich von Sarlat (D 47), jeden Fr 14–19 Uhr, April bis Sept. auch Mi, Juli/Aug. zusätzlich Mo und Sa Nachmittag.
Ölmühle aus dem 16. Jh. Nach traditionellem Verfahren werden in 45 Minuten 30 kg geschälte Nüsse von einer

Steinmühle zermalmt. Das Ergebnis ist ein Öl ohne jeden Zusatz, das gefiltert, abgefüllt und vor Ort verkauft wird.

12

## Highlight

**Les Jardins d'Eyrignac (G4):** Fährt man Richtung Salignac noch 8 km weiter, so erreicht man die vielleicht schönste Parkanlage Frankreichs. Zylinderförmig geschnittene Eiben alternieren mit spiraligen Buchenrampen *(Allée des charmes),* ein Rund durchfensterter Buchenmauern umschließt einen aus Kieseln gestampften Stern *(Rotonde de verdure).* Jeder Raum überrascht mit einer neuen, unverwechselbaren Komposition in Grün. Auch das versteckte Manoir verblüfft, weil es tief unter der verwunschenen Terrasse *(Terrasse enchantée)* im Garten versunken erscheint. Der Rundgang durch den Park dauert keine halbe Stunde, doch man wird länger verweilen, vor allem morgens, wenn kaum ein Besucher unterwegs und das Licht am schönsten ist. Öffnungszeiten: Juni bis Sept. tgl. 9.30–19 Uhr, sonst 10–12.30 und 14–19 Uhr. Info: www.eyrignac.com.

## Cabanes du Breuil

Auf der Straße nach Les Eyzies (D 47) weist nach 12 km ein Schild rechts ab zu einer Gruppe kuppelförmiger Steinhütten, wie sie sonst im Périgord meist vereinzelt am Feldrand stehen. Ohne Plan, aber von erfahrenen Bauernhänden errichtet, ist jede *cabane* ein Unikum. Ein informatives Begleitheft und ein Videofilm in der ehemaligen Schäferhütte erläutern Bautechnik und Nutzung der Hütten, die sich mit ihren rundlichen, weichen Linien pittoresk in die von Gänsen bevölkerte Landschaft schmiegen. Tgl. 10–12 und 14–18, im Sommer 10–19.30 Uhr.

# Souillac (H5)

Rund um die Abtei entstand ein quirliges Städtchen, das mit 3500 Einwohnern an der Grenze des Quercy zum Périgord ein kleines Wirtschaftszentrum bildet. Zahlreiche Touristen machen hier Etappe, um sich in den gut sortierten Läden mit Bedarfsartikeln und Feinkost einzudecken. Souillac ist im Übrigen ein Muss für Romanikfans und überrascht darüber hinaus mit einem Automatenmuseum, das surrende Technik und Pariser Flair in die Provinz zaubert.

### Sehenswert

**Stiftskirche Ste-Marie:** Eines der gelungensten Beispiele romanischer Architektur in Südwestfrankreich (12. Jh.). Außen frappiert der verschachtelte Bau mit seinen Absidiolen und Kuppeln. Im Inneren, gleich hinter dem Eingang, meisterliche Skulpturen: das Theophilus-Relief, Jesaja und der Bestienpfeiler.

### Sport & Freizeit

**Baden:** Quercyland Copeyre, bei Les Ondines.
Erlebnisbad (Parc aquatique) mit Wasserrutschen, Trampolin, Mini-Golf usw.
**Kanubasis:** Ebd. Tel. 05 53 28 23 82, www.canoe-copeyre.com.
Tagestouren Gluges–Souillac (28 km, 6 Std.), Souillac–Vitrac (29 km, 7 Std.), Mehrtagestouren ab Argentat.

### Einkaufen

**Feinkostläden:** Vom Boulevard führen Treppen zur Altstadt (Quartiers anciens)

hinunter, wo in der Fußgängerzone in diversen Läden Foie gras, Käse, Wein etc. angeboten werden.
**Markt:** Jeden Fr Vormittag, Juli/Aug. jeden Mi *marché des producteurs*.
**Distillerie Louis Roque:** Avenue de la Gare, Tel. 05 65 32 78 16, www.lavieilleprune.com.
Mit kleinem Museum und Degustation. Der renommierte Pflaumenbrand *(la vieille prune)*, in allen Gourmetlokalen als Digestif präsent, ist hier direkt beim Produzenten erhältlich.

## Feste & Unterhaltung

**Festival de Jazz:** s. S. 19.
**Pantomimenfestival:** 2. Augustwochenende. Infos im Automatenmuseum.

**Office de Tourisme:** 46200 Souillac, Boulevard Malvy (neben Grand Hôtel), Tel. 05 65 37 81 56, www.tourisme-souillac.com. Stadtführung *(petit train)*.

**Vieille Auberge:** 1, rue Recège, Tel. 05 65 32 79 43, Fax 05 65 32 65 19, www.la-vieille-auberge.com, DZ 52–66 €.
Still am Borrèze-Bach gelegenes Logis de France mit allerhand Komfort (geheiztes Schwimmbad, Solarium, Sauna) und besonders geräumigen Zimmern im Nebengebäude. Im Restaurant Menüs für 25 bis 35 €.
**Le Grand Hôtel:** 1, allée de Verninac, Tel. 05 65 32 78 30, Fax 05 65 32 66 34, www.grandhotel-souillac.com, DZ 55–80 €.
Das Hotel geht mit Belle-Epoque-Veranda und Terrasse auf den Boulevard hinaus, der freilich nichts Pariserisches hat. Im Innern wechseln Stilmöbel mit Plastikstühlen, die Zimmer sind funktional und ansprechend renoviert, von speziellem Charme ist – in direkter Nachbarschaft zum alten Bergfried – die Dachterrasse.
**Les Granges Vieilles:** Richtung Sarlat (D 703), Tel. 05 65 37 80 92, Fax 05 65 37 08 18, www.lesgranges vieilles.com, DZ 65–91 €.
Nobelherberge in stillem Park, der als schöner Rahmen alles aufwertet: die Backsteinfassade, den kleinen Pool, die gediegenen Interieurs. Die gute Regionalküche kann im Sommer am Pool genossen werden.

### Automatenmuseum

Einmalige Sammlung mechanischer Gliederpuppen aus den Beständen der Pariser Spielzeug- und Automatenfabrik Roullet-Decamps in Souillac, die von 1865 bis 1995 ›animierte Skulpturen‹ hergestellt hat. Vom noch unvollkommenen kleinen Gärtner (1865) über die berühmte Schlangenbeschwörerin (1902) bis zur Jazzband (1920) geht die Entwicklung zur Inszenierung ganzer Revuenummern. Man staunt über die bezaubernden Vorläufer der computergesteuerten Roboter.
**Musée de l'Automate:** Place de l'Abbaye, April bis Sept. tgl. 10–12 und 15–18 Uhr, Juli/Aug. tgl. 10–19 Uhr.

**Camping**
**Les Ondines:** Tel. 05 65 37 86 44, Fax 05 65 27 11 45.
Ruhig und schattig am Fluss gelegen, in unmittelbarer Nähe der Kanubasis und des Parc aquatique.

**Bahn:** Haltestation auf der Linie Paris–Toulouse. 8 x tgl. Regionalzüge über Gourdon nach Cahors.

# Extra-

Fünf Thementouren in der Dordogne

1. Kunst im Zick-Zack-Kurs – Von der Romanik in Beaulieu zum Expressionismus in St-André-des-Arques
2. Paddeln von Burg zu Burg – Im Kanu von Carsac bis Allas-les-Mines

Alle Touren sind auf dem großen Faltplan eingezeichnet

# Touren

Tour 1

Ein Email-Kunstwerk von Jean Lurçat

# Kunst im Zick-Zack-Kurs

## Zwischen Romanik und Moderne

In der Dordogne sind die Kirchen eher dörfliche Trutzburgen als kunstvolle Sakralbauten. Auch in den Museen verschwinden die schönen Künste oftmals hinter den profanen Werkzeugen der bäuerlichen Kultur. Trotzdem stößt der Reisende hier und da fast unvermutet auf bedeutende Kunstschätze. Es sind dies vor allem Skulpturen aus der Toulouser Bildhauerschule (12. Jh.) und die im deutschsprachigen Raum wenig bekannten Werke zweier Künstler des 20. Jh.: Jean Lurçat und Ossip Zadkine. Die folgende Entdeckungstour nimmt also einen Zick-Zack-Kurs zwischen Romanik und Moderne.

## Toulouser Handschrift

Liebhaber romanischer Kunst fahren weit, um die Weltgerichtsdarstellung von **Beaulieu** (S. 40) zu sehen. Sie schmückt das etwa 1125 entstandene Hauptportal der Pilgerkirche St-Pierre und zeigt die gleiche Toulouser ›Handschrift‹ wie die etwa zeitgleich in Carennac, Collonges-la-Rouge, Souillac und Moissac entstandenen Skulpturen. Moissac, zwischen Cahors und Toulouse gelegen, hatte im französischen Südwesten als Abtei einen Rang, der nur mit dem Clunys, ihres burgundischen Mutterklosters, vergleichbar war. Der Abt von Moissac war zeitweise Bischof von Toulouse, und die Toulouser Bildhauerschule hatte in ihm einen zahlungskräftigen Mäzen. So entstand zwischen 1125 und 1135 das Portal der Pilgerkirche, das Schule gemacht, ja im Süden Frankreichs eine stilistische Revolution eingeleitet hat. Noch nie sah man solch schlanke Figuren, derart fein geschnittene Gesichter, einen ähnlich fließenden Faltenwurf, einen solchen Schwung In der Komposition.

## Lurçats Atelier

Von Beaulieu sind es 17 km (D 940) bis **St-Céré** (S. 95), wo wir Jean Lurçat (1892–1966) kennenlernen wollen. Der Weggefährte Braques, Dufys, Picassos hatte während der Résistance-Jahre Château de St-Laurent-les-Tours für sich entdeckt und richtete dort nach dem Krieg sein Atelier ein. Noch heute beeindruckt die gar nicht museale Atmosphäre: Man besichtigt ein Arbeits- und Wohnensemble, das zwar auch Ölbilder, Keramiken, Mosaiken und Wandteppiche ausstellt, von den Tapeten bis zu den bemalten Balkendecken jedoch auch selbst ein Kunstwerk bildet. Anschließend empfiehlt sich ein kleiner Rundgang durch den Burggarten, von dem sich ein herrlicher Blick auf die Stadt bietet.

Wieder unten in St-Céré, fahren wir zur Galérie d'Art du Casino, ein Galerie-Café, das ein alter Freund des Künstlers betreut. Hier hängen großartige Wandteppiche mit einem Feuerwerk von Farbtönen, die förmlich zu explodieren scheinen. Ein Gemälde, eine Tapisserie sowie einige Bildvorlagen von Lurçat schmücken übrigens auch die Wände des Sternelokals Trois Soleils de Montal (S. 97), am westlichen Ortsausgang beim Château de Montal gelegen.

## Zurück in der Romanik

Von hier gelangt man fast automatisch auf die D 30, die in 12 km erst an der Bave, dann an der Dordogne entlang nach **Carennac** (S. 60) führt. Neben dem Schloss gehen wir durch ein Spitzbogentor, hinter dem sich – nun wieder ›zurück in der Romanik‹ – das Beaulieu-Erlebnis wiederholt. Das stilistisch verwandte, aber wesentlich kleinere Tympanon der Kirche St-Pierre ist gegen 1150, also etwas später, entstanden und zeigt eine ornamentale Tendenz.

Von Carennac sind es knapp 35 km bis **Souillac** (S. 104). In dem lebhaften Städtchen wartet auf uns in der ehemaligen Stiftskirche Ste Marie – in der Westwand gleich hinter dem Eingang – ein feingliedriger Jesaja neben einem grotesken Bestienpfeiler. Die auf 1140 datierten Skulpturen erinnern in ihrer Haltung, aber auch in der technischen Ausführung so unmittelbar an Moissac, dass man die Hand desselben Meisters erkennen will. Die detailverliebte, scheinbar realistische Plastizität der Figuren ist von einer religiösen Anmut, die bereits die gotische Kunst Nordfrankreichs ankündigt.

## Kubist in der Kapelle

Von Souillac gelangen wir über Gourdon und Cazals nach **Les Arques,** ein verstecktes Dorf in der Bouriane, wo sich in den 1920er Jahren der aus Russland emigrierte Bildhauer Ossip Zadkine (1890–1967) niederließ. Die romanische Dorfkirche bildet den Rahmen für Metall- und Holzplastiken, die einen schreienden Harlekin (außen), einen hochgereckten Christus (hinter der Tür) und eine im Schmerz verzerrte Pietà (Krypta) zeigen. In dem kleinen Musée Zadkine vor der Kirche sieht man weitere Werke des erst kubistischen, dann expressionistischen Künstlers, der zur Landschaft und Architektur des Quercy ein mystisches Verhältnis entwickelte.

Interessierte Besucher erhalten im Museum auch einen Schlüssel zur Kapelle St-André-des-Arques, die, von einem Kirchhof umgeben, still und verloren in einem Wäldchen liegt. In dem kleinen Bau entdeckte Zadkine 1954 bis dahin übertünchte romanische Fresken.

### Tour-Info

**Länge & Dauer:** 115 km, 1–2 Tage
**Öffnungszeiten:** Lurçats Atelier ist nur zwischen 14.7. und 30.9. sowie in der Kar- und Osterwoche (tgl. 9.30–12 und 14.30–18.30 Uhr), die Galerie d'Art ganzjährig (außerhalb der Saison aber nicht Di), das Zadkine-Museum von April bis Sept. (tgl. 10–13 und 14–19 Uhr, sonst 14–17 Uhr) geöffnet.
**Mittagessen, Übernachtung:** in St-Céré, Carennac oder Souillac. Zu Les Arques gibt es einen Restaurant-Tipp (S. 72).

Tour 2

Dafür sind nicht nur Kinder zu haben – Sightseeing zu Wasser

# Paddeln von Burg zu Burg

## Bootstour mit Badepausen

Die Burgen der Dordogne sind weniger berühmt, aber in gewissem Sinn sogar reizvoller als die Schlösser der Loire. Sie gehören einer älteren Epoche an, sind in ihrer mittelalterlichen Gestalt ohne äußerlichen Prunk, wachsen dafür eindrucksvoll aus den Felsen heraus und schmücken den mäandrierenden Fluss auf natürlichste Weise: keine Schleife ohne Burg oder Schloss. Dieses Dordogne-Erlebnis hat man am besten vom Boot aus. Man paddelt sich von unten an die Burgmauern heran und wechselt mit jeder Flusswindung die Perspektive. Für die folgende Bootstour haben wir eine klassische, völlig problemlose Strecke ausgewählt, die zudem eine ganze Reihe geeigneter Badestellen aufweist.

## Unter Steilfelsen

Wir besteigen unser Boot südlich von Sarlat in **Carsac** oder **Vitrac.** Nach den Start in Carsac geht es zunächst in die große Schleife von Montfort. An ihrem Ende erhebt sich das Château de Montfort, eine immer wieder zerstörte und neu aufgebaute Wehrburg an strategisch wichtriger Stelle. Hinter der Brücke von Vitrac hält der Fluss, vorbei an einem Steilfelsen mit hochgelegener Grotte, dann in leichtem Linksbogen auf **Domme** (S. 62) zu. Die wie ein Adlernest aufragende Bastide erscheint uneinnehmbar. Sie bot ihren Bewohnern mehr Sicherheit als das offene Tal und wurde oft vergebens belagert. Erst 1588 konnte an der steilsten und daher unbefestigten Stelle ein Hugenotten-Klettertrupp in die schlafende Stadt eindringen.

Unter dem Domme-Felsen biegt die Dordogne nach rechts und fließt nach dem Strand von **Cénac** unter einer weiteren Brücke durch. Wir kommen jetzt in bewegteres Wasser und steuern das Boot durch einige Stromschnellen. Vor der folgenden hohen Felswand weicht der Fluss wiederum nach rechts.

## Klassische Ansichten

Gemütlich fahren wir jetzt nach **La Roque-Gageac** (S. 93) ein, das mit seinen Häuserzeilen dicht unter dem ockerfarbenen Steilfelsen liegt. Die Boote drängen sich vor der malerischen Kulisse, die immer wieder fotografiert sein will. Wir erkennen eine schwindelerregende Treppe, die von der Bischofsresidenz zum Höhlenfort hoch führt.

Am Ende des Dorfes liegt am Rande der Flussschleife das **Château de la Malartrie,** das den Stil des 15. Jh. imitiert, aber gerade mal 100 Jahre alt ist.

Dahinter beginnt ein 130 m hoher Felsüberhang, auf dem der Garten von **Marqueyssac** einen lang gestreckten Aussichtsbalkon bildet. Von dort oben kann man an den Farbschattierungen (hell bis dunkel) sehr gut die atlantische Vegetation des Nordufers (Buchen, Akazien) vom mediterranen Bewuchs der südlichen Sonnenseite (Pinien, Steineichen, Montpellier-Ahorn, Erdbeerbäume, Wacholder) unterscheiden.

## Feindseliges Festungspaar

Es ist **Château de Castelnaud** (S. 50), eine gewaltige Festung, die direkt vor uns in die Höhe steigt, sobald die dritte Brücke auftaucht. Der Donjon, Wehr- und Wohntum des Burgherrn, bildet den Kern der verschachtelten Anlage, die heute ein Museum des mittelalterlichen Krieges beherbergt. Zu ihm gehören die im Freien aufgestellten Wurfmaschinen, von denen wir eine hoch oben auf der Schildmauer sehen.

Unter der Brücke durch drehen wir in einer weiten Rechtsschleife auf die nächste, nicht weniger spektakuläre Burg zu. Sie heißt Beynac und wächst in der folgenden Linksschleife aus der Steilwand heraus. Die Lauerposition der vis-à-vis liegenden Festungen spiegelt die Feindschaft zweier rivalisierender Adelsgeschlechter wider, die über die Zeit der eigentlichen Feudalfehden hinaus oft gegensätzlich Partei ergriffen. Als im Hundertjährigen Krieg die Dordogne eine ständig umkämpfte Grenzlinie war, standen sich Castelnaud und Beynac lange als englische bzw. französische Bastion gegenüber.

## Verlängerung der Tour

Zwischen den beiden feindlichen Festungen liegt **Château de Fayrac** vergleichsweise schutzlos im grünen Uferbereich. Das Lustschloss (15./16. Jh.) zeigt sich nicht mehr wehrhaft, reckt seine Türme nur noch zum Schmuck. Ganz anders das zwischenzeitlich verschwundene **Beynac** (S. 48), das nach der vierten Brücke groß und bedrohlich über unseren Köpfen auftaucht: links die Burgkapelle, in der Mitte der Wohnpalast, rechts das Dorf.

Die meisten werden hier – nach 2 bis 4 Std. Paddeln – rechtschaffen müde an Land gehen. Über der Bootsanlegestelle liegt die Hostellerie Malville, auf deren schön gelegener Terrasse man sich erfrischen und stärken kann. Wer aber noch Kraft und Lust hat, kann in einer weiteren Stunde noch bis **Allas-les-Mines** paddeln. Auf halbem Wege links erscheint **Les Milandes** (S. 50), das Renaissanceschloss, das Josephine Baker für ihre Waisenkinder erwarb.

## Tour-Info

**Länge & Dauer:** 16–28 km, 1/2 Tag.
**Bootsverleih:** Es gibt Basen in Carsac, Vitrac, Cénac, La Roque-Gageac, Castelnaud, Milandes, Port d'Envaux und Allas-les-Mines. Der Bootsverleih schließt den Transport bzw. Rücktransport zum Startpunkt mit ein. Man kann rechnen: Carsac–Beynac (23 km) 4 Std., Vitrac–Beynac (16 km) 2,5 Std, Carsac–Envaux (28 km) 5 Std.
**Pausen:** Eine Reihe schöner Kiesbänke lädt zum Baden und Picknicken ein. Wenn Sie an Land gehen wollen, Boot nicht unbeaufsichtigt lassen.
**Einkehr:** An den Zielpunkten Beynac bzw. Port d'Envaux wartet eine Hostellerie bzw. Buvette mit Erfrischungen auf.
**Sicherheitsregeln:** s. S. 29

Tour 3

An der Weinstraße Cahors werden Wein-Liebhaber schnell fündig

# Die Weinstraße von Cahors

## Vorbereitungen

Die Degustations- und Einkaufstour beginnt in **Cahors** (S. 54), wo wir uns in der Maison du Vin eine Karte über das Weinbaugebiet samt Liste der Winzer besorgen. Das Info-Büro ist nicht mit dem Musée du Vin zu verwechseln, einem kleinen Weinmuseum, in dem man sich über die edlen Tropfen der Region informieren kann. Auch in der Weinbar Le Dousil erhält man nützliche Hinweise und einen Vorgeschmack, der beim Degustieren und Kaufen hilft.

## Der schwarze Wein

Er ist rau, herb, kernig, ein rustikaler Wein, der erst einmal verschlossen, fast abweisend wirkt. Beim zweiten, dritten Schluck entfaltet er dann sein beerigerdiges Aroma, das sich an kräftigen Fleisch- und Kartoffelgerichten zum Aha-Erlebnis steigert. Farbe und Geschmack verdankt der Vin noir, der »schwarze Wein von Cahors« der besonderen Rebsortenmischung: Durch einen Merlot-Anteil verliert die dominierende Auxerrois-Traube (auch Malbec genannt) ihre ›Ecken und Kanten‹. Doch auch Boden und Lage der Weingärten beeinflussen das Aroma: Die Plateaulagen bringen den traditionellen Cahors hervor, der bis zur Trinkreife lange braucht und auch dann noch streng, ja hart schmeckt, während die Tallagen einen weicheren, schon jung trinkbaren, moderneren Wein liefern.

## Bischofshöhen I

Wir fahren zunächst ein Stück auf der Hauptverkehrsstraße nach Fumel/Villeneuve-sur-Lot (D 911), die wir nach 5 km in Mercuès verlassen. Die einstige Residenz der Fürstbischöfe, das **Château de Mercuès** (S. 58), ist heute ein Luxushotel mit Feinschmeckerlokal und sagenhaftem Weinkeller. Von hier geht es Richtung Luzech links hinunter an Weinfeldern und Eichenwäldchen entlang. Mehrere Schlösser schmücken die Weiler von Caillac, unter ihnen **Château de Lagrézette** (15. Jh.), eine erste, süperbe Adresse zum Weinverkosten. Das Sträßchen folgt zwischen Felsen und dichter Auenvegetation der Flussschleife von Parnac, um schließlich die Anbauflächen von Caïx zu durchqueren.

Man erreicht dann **Luzech,** 10 km westlich von Mercuès im nur 100 m breiten Isthmus einer riesigen Südschleife gelegen. Von der Ortsmitte führt nordwärts die C 2 auf den Burgberg Impernal, den man aber auch zu Fuß erreicht, wenn man die Treppen zum Donjon hochgeht und schließlich immer höher durch Orchideenwiesen steigt. Der Ausblick ist grandios: Man sieht das Städtchen, die Weingärten der Côtes d'Olt und in allen Himmelsrichtungen den mäandrierenden Lot.

## Bischofshöhen II

Es empfiehlt sich nun der Wechsel aufs linke Ufer, wo man nach 5 km hoch über dem Fluss das verwinkelte **Albas** erreicht. Die Fürstbischöfe von Cahors hatten hier wie auch sonst in ihrem Lehensgebiet seit dem 13. Jh. nicht nur Wein anbauen, sondern auch befestigte Residenzen errichten lassen. In einer von ihnen, dem Château d'Anglars, entsteht heute unter den Händen experimentierender Önologen vielleicht der Cahors der Zukunft.

Wer sich nach dem Halt in Albas auf den Rückweg machen will, erreicht jetzt über die Brücke von Castelfranc schnell die D 811 Richtung Cahors (Halbtagestour). Wer sich zur längeren Runde (Ganztagestour) entschlossen hat, folgt hingegen dem Mäander von Anglars bis auf die nächste ›Bischofshöhe‹, den Hügel von **Bélaye.** Von der Panoramaterrasse bietet sich unter schattigen Kastanienbäumen erneut ein großartiger Blick auf eine weite Schleife, in der die Weingärten mit anderen Kulturen abwechseln.

## Die drei großen P

Wir fahren nun durch den Wald zum **Château de Grézels,** in dem sich ein kleines Weinmuseum befindet (nachmittags geöffnet). Der Wendepunkt der großen Runde ist dann **Puy-l'Evêque** (S. 88), das sich an der Brücke pittoresk im Wasser spiegelt. Es gehört zu den drei großen P, die der Weinkenner im Kopf hat, wenn er durchs Cahors-Gebiet pilgert: Parnac, Prayssac, Puy-l'Evêque. 4000 ha umfasst die Appellation Cahors, ein vergleichsweise kleines Anbaugebiet, das sich 200 Produzenten teilen.

An der Hauptverkehrsstraße (D 811), auf der wir nun langsam nach Cahors zurückfahren, weisen Reklameschilder zu den verschiedenen Weingütern. Reizvoll ist bei Prayssac der Abstecher hoch zum **Château du Théron,** zu dessen Füßen die gleichnamige Domaine einen sehr fruchtigen Wein produziert. Am Abend in Cahors sollten wir das Gefühl haben, für die nächsten harten Winter gut vorgesorgt zu haben.

## Tour-Info

**Länge & Dauer:** 55 km (1/2 Tag) oder 80 km (1 Tag).
**Öffnungszeiten der Weinmuseen** beachten: Cahors 9.30–13 und 14.30–19 Uhr, Grézels 15–18 Uhr (jeweils nur Juli/Aug.).
**Degustationszeiten:** In der Regel Mo–Sa 9–12.30 und 14.30–19 Uhr, teilweise auch So.
**Spazierweg:** In Rivière Haute (kurz vor Albas) beginnt an der Bushaltestelle ein gelb markierter Spazierweg über Cambou zu einer schönen Angelstelle *(site de pêche)* am Lot, dem man flussabwärts folgt bis Albas. Am Ziel wartet die Bar-Brasserie L'Esplanade mit einer angenehmen Terrasse auf. Einfache Strecke 1 Std.
**Essen:** In Albas (oberhalb der genannten Bar) das Restaurant du Port; in Puy-l'Evêque s. S. 89.
**Picknick:** Auf dem Hauptplatz von Luzech findet man gute Einkaufsmöglichkeiten, auf der Panoramaterrasse von Belaye Tische und Bänke.

Tour 4

Neandertaler im Préhisto-Parc von Tursac

# Auf den Spuren der Cro-Magnon-Menschen

## Wo unsere Vorfahren lebten

Vallée de l'Homme, »Tal des Menschen«, nennt man das Vézère-Tal, das sich nordwestlich des Périgord Noir entlangzieht. Während der zweiten Eiszeit waren die Jäger ihrem Wild in mildere Gebiete gefolgt und hatten am unteren Flusslauf ideale Bedingungen vorgefunden: fischreiches Wasser, ein fruchtbares Waldgebiet und unzählige Schutzräume im Felsmassiv. In den nach vorne offenen Felsüberhängen, den sogenannten Abris, fand man Skelette und Steinwerkzeuge unseres direkten Vorfahren, des Cro-Magnon-Menschen. In den Gängen und Sälen tief liegender Höhlen hinterließ er fantastische Malereien und Ritzzeichnungen. Unsere prähistorische Rundtour führt zu einigen dieser Wohnplätze und Heiligtümer.

## Felsenwohnstätten

Wir starten in **Les Eyzies-de-Tayac** (S. 64). Am Ostrand von Les Eyzies nehmen wir die Straße nach Montignac (26 km) und sehen bald linker Hand die gemütlich mäandrierende Vézère. Kurz hinter Tursac geht es über die Brücke zum Felsendorf **La Madeleine,** dem die Epoche des Magdalénien ihren Namen verdankt: ein idyllischer Weg führt über dem Fluss vorbei an den Höhlenwohnungen zu einer romanischen Kapelle und der darüber aufragenden Burgruine (tgl. 10–18 Uhr, Mai bis Sept. bis 19 Uhr).

Zurück am linken Ufer erreicht man 2 km weiter die 900 m lange und 80 m hohe Felsenwohnstätte **La Roque St-Christophe.** Der Fluss hat die Fünf Stockwerke hohe Wand im unteren Bereich ausgespült, und in den oberen Etagen entstanden durch eiszeitliche Verwitterung breite Galerien, die sogar zum Bau von Häusern geeignet waren. Die Spuren der Bewohner sind unübersehbar: rechteckige Löcher waren Lager für Balken, Felsnischen dienten als Schränke, an Felsringen wurden Lampen aufgehängt oder Tiere angebunden (tgl. 10–18 Uhr, Juli/Aug. bis 19 Uhr). Man sollte sich für einen der beiden Vorschläge entscheiden und nach der ersten Besichtigungsrunde im hübschen **St-Léon** Halt machen.

## Tiere in natura und gemalt

Wenn wir dort das rechte Ufer erreichen, sind es noch knapp 10 km bis **Montignac** (S. 80). Im Zentrum des Städtchens liegen in der Billetterie die Lascaux-Karten bereit. Wer sich für die Konstruktion von Lascaux II interessiert und die auf den Höhlenwänden verewigten Tiere gern in natura sehen will, sollte die Kombikarte Lascaux/Le Thot wählen. Das Informationszentrum Espace Cro-Magnon in **Le Thot** liegt 5 km vor Montignac auf der Höhe des Château de Losse. Hier ist die Herstellung der Höhlenkopie Schritt für Schritt dokumentiert. Im Park begegnet man dem Rentier, Rothirsch, Wildpferd, Bison und einem rückgezüchteten Auerochsen.

**Lascaux II** (S. 80), von Montignac aus schnell erreicht (ausgeschildert), entfaltet dann eine sakrale Aura, der sich während der 40-minütigen Führung niemand entziehen kann. Durch Drehen des Kopfes kann der Betrachter die Einzelbilder in filmische Bewegung setzen, ein Effekt, der durch den Umstand verstärkt wird, dass auf dem 25 m langen Bildband die vier Stiere immer größer werden. Im nächsten Raum zieht sich der konkav ausgemalte Körper einer Kuh für den vorbeigehenden Besucher auseinander und wieder zusammen. Ein stürzendes Pferd ist um eine Art Eckpfeiler herum gemalt.

## Pferde aus Stein

Nach dem Höhlenbesuch fahren wir die Schnellstraße Richtung Sarlat (D 704), um bei St-Geniès ins Tal der Großen Beune (D 48) abzubiegen. Wir passieren gegenüber der Burgruine Commarque das kleine **Château de Laussel,** auf dessen Terrain 1909 die berühmte »Venus von Laussel« ausgegraben wurde. Von allen prähistorischen Stätten, die in diesem Talbereich entdeckt wurden, ist nur eine für die Öffentlichkeit zugänglich: der **Abri du Cap Blanc** (tgl. 10–12 und 14–18 Uhr, Juli/Aug. 9.30–19 Uhr). Vom Parkplatz führt ein Fußweg steil hinunter zu dem kleinen Museum. Eine Tür geht auf und wir stehen vor einem 14 m langen Hochrelief, das sechs Pferde in Lebensgröße zeigt. Man sollte sich die Sensation nicht entgehen lassen: eine Wandskulptur an einem prähistorischen Wohnplatz ist eine absolute Rarität.

Nach diesem letzten Highlight sind es nur noch 6 km zurück nach Les Eyzies. Unter den Felsüberhängen, die wir passieren, liegen bedeutende Höhlen wie Les Combarelles und Font-de-Gaume – ein andermal!

## Tour-Info

**Länge & Dauer:** 60 km, 1 Tag.
**Achtung:** Die Führung durch die Höhle von Lascaux muss rechtzeitig vorbestellt werden (s. S. 80). Wir planen die Besichtigung für den Nachmittag. Sollten nur noch Karten für den Vormittag erhältlich sein: die Route in umgekehrter Richtung abfahren.
**Einstimmung:** Am Vortag empfiehlt sich zur Einführung der Besuch des Prähistorischen Nationalmuseums in Les Eyzies (s. Tipp S. 64).
**Picknick:** An allen Fundstätten befinden sich Tische und Bänke vor zumeist reizvoller Naturszenerie.
**Mittagessen:** In St-Léon-sur-Vézère »Le Petit Léon« (Gartenlokal, nur Juli/Aug.) oder »Le Restaurant de la Poste«.
**Kinder:** Der Préhisto-Parc von **Tursac** zeigt auf einem instruktiven Spazierparcours typische Szenen aus dem Leben der Cro-Magnon (tgl. 10–18, Juli/Aug. 9.30–19 Uhr). Auf dem Terrain der Felsenwohnstätte **Le Conquil** gibt es einen Dinosaurier-Park und Abenteuer-Parcours in den Bäumen (vor St-Léon, 10–18, Juli/Aug. bis 19.30 Uhr).

# Tour 5

Historische Fahrräder im Musée du Vélocipède

## Mit dem Fahrrad in die Vergangenheit

### Alte Technik

Die folgende Fahrradtour ist eine Entdeckungsfahrt für Freunde alter Technik. Die Themenpalette ist bunt und kurios wie die ganze Fahrt, die an Flusshäfen, Kanälen, Wehren und Mühlen vorbeiführt und Einblicke in die traditionelle Herstellung von Papier, Tabak und Schnaps ermöglicht. Dabei sind die ›Sehenswürdigkeiten‹ größtenteils noch in Betrieb, manchmal aber bereits in Museen ausgestellt. Oftmals ist es mit dem Vorbeifahren nicht getan, wir werden absteigen, besichtigen, auch Ruhepausen einlegen.

### Vom Bahnhof zum Fahrradmuseum

Die Route beginnt am Bahnhof von **Le Buisson-de-Cadouin,** einem relativ jungen, umtriebigen Ort, der zu einem Verkehrsknotenpunkt im Dordogne-Tal wurde. Dort, wo sich die beiden Eisenbahnlinien Limoges–Agen (1863) und Bordeaux–Aurillac (1883) kreuzten, entstand ein neues Zentrum für die Dörfer rundum. Wir schwingen uns aufs Rad und fahren auf der D 25 über die bewaldete Höhe in den alten Ortsteil **Cadouin** (S. 53), wo im Schatten der Abtei das Musée du Vélocipède (tgl. 10–19 Uhr) eine unübertroffene Sammlung von Fahrrädern präsentiert: Hochrad, Draisine, Post- und Kriegsrad, Rennrad, Horizontalrad – die Reihe ist aufschlussreich und beeindruckend.

2 km hinter Cadouin biegen wir rechts ab auf die D 27 und fahren, vorbei an der winzigen Bastide Molières, ins Couze-Tal hinab. Dort geht es auf der von Beaumont kommenden Straße (D 660) rechts nach **Couze-et-St-Front,** wo seit dem 16. Jh. in einem Dutzend Papiermühlen wertvolles Büttenpapier mit Wasserzeichen geschöpft wurde. In Betrieb ist heute nur noch die Moulin de Larroque, deren Papierwaren zum Verkauf stehen (9–11.30 und 14–17 Uhr).

### Mühlen, Schleusen, Fischlift

Ein paar hundert Meter weiter stoßen wir an der Straße nach Lanquais (D 37) auf einen idyllischen Mühlenweg mit der **Moulin de la Rouzique.** Sie dient heute als Eco-Musée, das anschaulich über die traditionelle Papierherstellung informiert (Juli/Aug. 10–19 Uhr, sonst 14–18.30 Uhr). Weiter auf der Route de Varennes erreichen wir die Dordogne, die hier von dem 1843 erbauten **Canal de Lalinde** begleitet wird. Man sieht die Parallelführung der beiden Wasserläufe, wenn man bei **St-Capraise-de-Lalinde** die erste Brücke überquert und am ehemaligen Gabare-Hafen verweilt.

Wir bleiben zwischen Fluss und Kanal und folgen dem schmalen Sträßchen bis Tuilières. Vorbei am EDF-Kraftwerk gelangt man zu einer Schleusentreppe mit Bassin, eine reizvolle Stelle, an der Aquarellmaler ihr Faible für Industrieromantik entdecken. Eine Kurve weiter erreicht man den Fischaufzug *(ascenseur à migrateurs),* der die Lachse, Maifische und Neunaugen, die zum Laichen den Fluss hochwandern, 12 m über das Stauwehr befördert.

## Wein und Tabak

An der Kanalpforte bringt uns eine kleine Brücke aufs rechte Ufer und in den Ort **Tuilières,** wo wir auf die Hauptstraße Richtung Bergerac einbiegen. Es sind nur wenige Kilometer bis Mouleydier, wo ein Schild rechts ab und unter der Bahnlinie durch nach St-Sauveur weist. Wir sind jetzt im Pécharmant-Gebiet und lesen die Namen berühmter Weingüter: Château de Biran, Terre-Vieille, Tiregand. Hier links halten und über kleine Sträßchen auf die D 32, die geradeaus ins Zentrum von **Bergerac** (S. 43), auf die Place Malbec führt.

In der Weinstadt interessiert uns das Museum der Flussschifffahrt und Böttcherei, aber auch das Musée du Tabac mit seiner Pfeifenwerkstatt (Öffnungszeiten s. S. 45). Es ist keine Kuriosität, denn das Département Dordogne ist noch immer Frankreichs größter Tabakproduzent: Zwei staatliche Unternehmen verarbeiten die Ernte von nahezu 3000 Tabakpflanzern. Allerdings bildet der ›braune Tabak‹ (Gauloises und Gitanes) nur noch 20 % der Produktion. Trotz der spannenden Thematik sollten wir auch überlegen, ob wir abends mit der Bahn zurückfahren oder ein Hotel nehmen wollen.

## Traditionsdistillerie

Im zweiten Fall gibt es für sportliche Fahrer eine interessante Verlängerung. Auf halbem Weg zwischen Bergerac und Périgueux liegt **Villamblard.** Seit sechs Generationen brennt dort die Familie Reymond ihren Schnaps. Im Fabrikgebäude stehen noch die historischen Kupferbottiche und zwei 170 Jahre alte Alambics. Auch das Siedeverfahren und die Rezepte sind geblieben. Neben Schnäpsen (Pflaume, Mirabelle, Williamsbirne, Himbeere) gibt es Liköre und auf Weinbasis hergestellte Aperitifs. Der Alkoholgrad sinkt und das Spektrum der Früchte steigt. Besonders süß und extrem geschmacksintensiv sind die *crèmes* genannten Liköre von Brombeere und Vanille-Kakao.

Für diesen Abstecher, einfach 22 km, verlassen wir Bergerac Richtung Périgueux, um nach wenigen Kilometern links ab auf schöner Waldstrecke (D 107) ins Crempse-Tal zu fahren. Die Straße nach Villamblard ist gut ausgeschildert. Auf demselben Wege zurück nach Bergerac.

## Tour-Info

**Länge & Dauer:** 45 km (1 Tag) oder 90 km (2 Tage)
**Bahnfahren:** Le Buisson und Bergerac, Start und Ziel der Radtour, sind Bahnhöfe der Linie Sarlat–Bordeaux. Rückfahrt mit der Bahn, eigenhändige Radverladung. Letzte Züge ab Bergerac um 17.18, 19.33 und 22.00 Uhr.
**Essen, Übernachtung:** Imbiss-Kiosk (mit Info-Tafeln) gegenüber EDF, Picknickplätze an der Schleusentreppe, Restaurants/Hotels in Bergerac (s. S. 46).

# Register

**Ihre Anregungen greifen wir gern auf – schnell und unkompliziert.**
DuMont Reiseverlag, Postfach 3151, 73751 Ostfildern, E-Mail: info@dumontreise.de,
Internet: www.dumontreise.de

**Fotonachweis**
Titelbild: Château de la Malatrie bei La Roque-Gageac
Umschlagklappe vorn: Marché Nocturne in Sarlat
S. 1: Akkordeon-Spieler in Sarlat
S. 6/7: Blick von Domme auf das Dordogne-Tal
S. 38/39: Château de Castelnaud mit Blick nach Beynac
S. 106/107: Gabare auf der Dordogne vor La Roque-Gageac

**Fotografen**
Bildagentur Huber (Garmisch-Partenkirchen): F. Damm S. 48/49; PictureFinders S. 114; M. Pignatelli S. 8
Bilderberg (Hamburg): B. Steinhilber S.10, 86/87
laif (Köln): Le Figaro Magazine Titel, S. 18, 22, 42/43, Hemispheres Umschlagklappe vorn, S. 1, 9, 12, 31, 38, 58/59; Heuer S. 95; Hoa-Qui S. 2/3
N. Miller (München): S. 17, 24, 73, 91, 106, 108, 110, 116
M. Thomas (Aachen): S. 6/7, 14, 52, 62, 67, 68/69, 79, 101, 112

1. Auflage 2007

Grafisches Konzept: Groschwitz, Hamburg
Druck: Rasch, Bramsche
Buchbinderische Verarbeitung: Bramscher Buchbinder Betriebe